语文书里的大诗人

李白的故事

兰 川 著

CNS | 湖南教育出版社

· 长沙 ·

目录

引　子

从牙牙学语开始，父母就会教我们背一些古诗，其中背的最多的，大概要数李白的诗了。

可你是不是特别想问：李白是谁，他长什么样？为什么他的诗能写得那么好？如果你对这些问题充满疑惑，我们不妨一起来这本书里找找答案。

我们先从李白的肖像开始吧，毕竟一个人的容貌长相会给人留下很重要的第一印象。

我们现在看到的李白画像，都是后人给他画的，也就是说，这些画像大都出自画家的想象，他们并没有真正见过李白。

在宋代人梁楷眼里，李白是这样的：

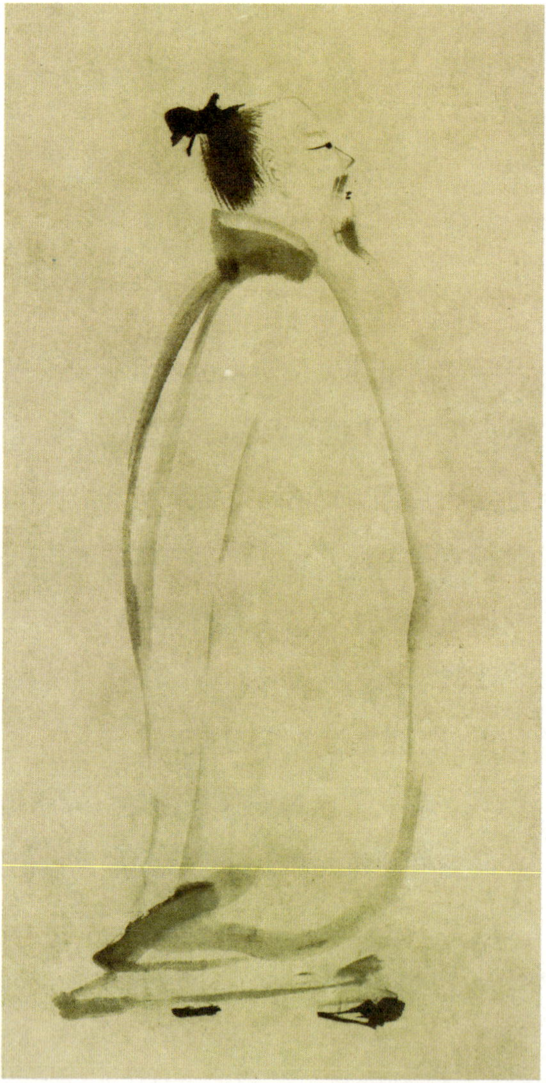

《李白行吟图》〔宋〕梁楷

从这幅画来看，李白的身材似乎很矮小。当然了，在梁楷心目中，画面中的李白一边行走一边吟诗，他步履轻盈，足下生风，一副才思敏捷、潇洒不羁的样子，确实很符合一般人对诗人的想象。

再看看现代著名的牙雕大师杨士惠创作的李白象牙雕，一位身材颀长、飘逸俊朗的李白跃然眼前。这下可让我们犯迷糊了，李白到底是高是矮呢？

其实关于身高问题，李白在他的诗中曾经提及，他在给同时代官员韩朝宗的自荐信（《与韩荆州书》）中说：“虽长不满七尺，而心雄万夫。”意思是别看我身高不到“七尺”——比一般人矮，但我的雄心却比谁都大，我的壮志比谁都高。

那么，“不满七尺”究竟有多高呢？要解答这个问题，我们不光需要做一点数学计算，还要懂得一些文化常识。我们知道，按照现在的度量衡，一尺约等于 33.3 厘米，李白如果是现代人，“不满七尺”，我们姑且按照 6.9 尺给他算，$33.3 \times 6.9=229.77$，有两米三那么高！这也太高了！

唐代一尺约合现在的 30 厘米，这么算，“七尺”也太高。其实，“七尺男儿”只是古话，说的是当时成年男子的一般身高，肯定不到现代中国男性平均 170 厘米的身高。简单说就是，李白说自己“长不满七尺”，意思是自己身材不高，或者是比较矮。

搞清楚了李白的身高问题，我们再来看一张李白的半身像。

李白像（出自《唐名臣像册》）

语文课本里这幅李白的画像非常有名，我们能清晰地看到李白的五官，还有他飘逸的胡须。你觉得李白最吸引人的地方在哪里？是眼睛吗？大概见过李白画像的人都对他的眼睛有深刻的印象。

当时有一个叫魏万的年轻人，非常崇拜李白，为了一睹李白的风采，他四处打听李白的去向，可惜当时没有现代通信设备和交通工具，他在追寻李白的路上一直比李白慢一拍。当他抵达开封时，李白去了鲁南；当他追到鲁南时，李白去了江苏；当他追去江苏时，李白已经到浙江永嘉看山水去了……终于，在扬州，魏万可把李白给“逮”着了。这一趟下来，三千多里路走过了。这样劳心费力地追寻偶像，“不满七尺”的李白让他失望了吗？

非但没有，魏万还把自己对李白的第一印象写成文章记录了下来，幸亏有他的记录，我们今天才能透过文字想象李白的样子。在《李翰林集序》中，关于李白的样貌魏万有这样的描述：“眸子炯然，哆如饿虎。”

什么意思呢？简单说就是，李白双眼炯炯有神，张大嘴巴的时候犹如饿虎一样有气势。李白的眼睛不仅让魏万印象深刻，还有一位叫崔宗之的人也提到过李白的眼睛，他说李白“双眸光照人”。

除了眼睛让人印象深刻，李白的穿着打扮也很有特色。李白酷爱穿紫袍，他在诗里多次提到自己穿着紫袍，“草裹乌纱巾，倒被紫绮裘”，头上裹着乌纱巾，身上倒披着紫袍子，这一身“混搭”也是相当时尚了。

不过，比起穿漂亮衣服，李白更在乎喝酒，所以在没钱买酒的情况下，他会豪爽地把身上的紫绮裘脱了卖掉换美酒，他从不觉得这是什么丢人的事，反而还很得意地把这样的举动写在诗里，他说："解我紫绮裘，且换金陵酒。酒来笑复歌，兴酣乐事多。"（《金陵江上遇蓬池隐者》）

除了紫裘外，李白还有一身职业装——道士服。李白人生中一个重要的追求就是得道成仙，为了当道士，他可谓煞费苦心，最后终于"受道箓于齐，有青绮冠帔（pèi）一副"。这个青绮冠帔指的就是青色细绫做的道士帽和道士服。

然而，李白最惹人注目的地方，不仅有他的穿着，还有他的装备。

李白很喜欢漫游，喜欢"在路上"的感觉。人在江湖漂，必须配把刀。关于李白带刀一事，很多人提到过，有人说他带的是匕首，有人说他带的是剑，也有人说他带的是刀。这几样武器，怕是他都有，至于带什么，完全看心情。有诗为证，李白说他是"三杯

弄宝刀”，他的好友崔宗之说他“袖有匕首剑”。

李白不仅随身携带武器，而且据说他年轻时候就会武术。

没错，李白十岁的时候，确实在大匡山（位于今四川江油）大明寺跟一位名叫空灵的老和尚学习了剑术，他后来在写给别人的信里说，“大丈夫必有四方之志。乃仗剑去国，辞亲远游”（《上安州裴长史书》），可见他真的会剑术。他认为，大丈夫要有四方之志，而要实现远大的志向，就要仗剑走天涯，告别亲人，奔赴远方。正是这个想法，让李白开始了自己青壮年时期的漫游。他确实漫无目的地游过很多地方，途中不忘使用他的重要武器。

好了，经过一番研究，我们基本上能给李白制作一幅画像了：

他身高大概不满一米七，有一双大眼睛，炯炯有神；他喜欢穿紫色衣服，还有道士服，自带仙气；平时身上带着短刀或者剑，战斗力爆表。

这样的李白，充满了魅力，难怪魏万千里迢迢只求见他一面。

我们知道，一个人在别人眼中和在自己眼中的形象是有出入的。我们刚才为李白作的画像，他会认可吗？在他心目中自己是什么样的呢？下面请看李白的自画像：

懒摇白羽扇，裸袒青林中。
脱巾挂石壁，露顶洒松风。

——《夏日山中》

在山里避暑的李白，袒胸露背、披散着头发，在苍翠的树林中，把头巾解下来，挂在石壁上，任由林间的风吹过头顶，随意摇着白羽扇，真是凉爽极了。在李白眼中，自己就是这么潇洒，堪与魏晋时期的竹林七贤相比，与当时那些严格按照礼仪制度生活的书生、官员们截然相反。

对李白的形象有了大概认识之后，我们再来看一下他的一生是如何度过的，他到底有什么迷人之处，又是怎样成为伟大诗人的。

第一章

盛世降生，身世成谜

李白生于公元701年，距离现在已经有1300多年了。你可能会感慨：李白离我好遥远！但是，等读完了他的故事，你会发现，他潇洒飘逸的人格魅力，他精彩绝伦的诗歌，其实离我们很近很近。

李白的一生经历了许多重要的历史节点：

李白五岁的时候，一代女皇武则天驾崩；

李白十二岁的时候，唐玄宗李隆基登基；

李白五十五岁的时候，安史之乱爆发，随后唐玄宗传位给太子李亨；

李白六十二岁的时候死了；

李白死后第二年，持续八年的安史之乱结束；

李白死后的第三年，唐代宗宣他入京做官，才得知他已死的消息。

李白一生中有四十多年是在唐玄宗李隆基在位时

期度过的，这个时期被我们称为“盛唐”。所以，盛唐气象在李白身上体现得非常明显，我们可以一步一步来了解。

回到公元 701 年，李白降生的这一年。

历史上许多伟大人物的降生往往带有某种传奇色彩，李白也一样。根据李白的叔叔李阳冰在《草堂集序》中所描述的，当年李白的母亲在生李白的那个晚上，梦到了长庚星。因为长庚星又叫太白星，于是给李白取名为“白”，字“太白”。

和李白熟悉的人还会称他为李十二，而他自己又号“青莲居士”，这是为什么呢？原因很简单，叫他李十二，是因为他在家族兄弟中排行十二；叫他青莲居士，是因为他小时候在四川青莲乡居住，长大后自号“青莲居士”。

你知道吗？

古人的名和字是分开的，自称用“名”，他人为了表示尊敬则称“字”。比如李白自我介绍的时候，会说：“哈喽，大家好，我是李白。”而如果由别人来介绍李白的时候，会说："哈喽，给大家介绍一下，这位是李太白。"这是名和字的不同用法。

此外，名和字之间还有一定联系，字可以是名的近义词，也可以是名的反义词。比如，诸葛亮，字孔明，"明"和"亮"是近义词；韩愈，字退之，"愈"是"胜过（别人）"，"退之"则是劝人不要太好胜的意思。

那么，你知道为什么"班固字孟坚""张衡字平子""朱熹字元晦"吗？

那么问题来了，这个拥有四个称呼的李白，籍贯（祖居或个人出生的地方）是哪里呢？

这个问题，经过古往今来很多学者专家的研究之后，依然没有标准答案。有人说他来自陇西，也就是现在的甘肃；有人说他来自四川；有人说他是"山东"（崤关、函谷关以东）的；还有人说他是外国人，来自吉尔吉斯斯坦的托克马克，后来移民到中国境内。众说纷纭，莫衷一是。根据他的叔叔李阳冰和他的朋友的儿子范传正的说法，我们能确定的是李白五岁时在四川昌隆县青莲乡生活，但五岁之前他从哪儿来、在

哪儿生活，就不得而知了。

还有学者认为，李白的血统中一半是汉人血统，来自他的父亲，另一半是胡人血统，来自他的母亲。于是有人大胆推断，李白可能出生在胡人生活的西域，极有可能就是碎叶，也就是现在吉尔吉斯斯坦的托克马克附近。碎叶是唐朝在西域设立的重镇，属于边陲城市，是丝绸之路上的重要站点。还有一个证据可以佐证这个猜测，那就是李白会蕃书，通胡语，他入宫之后，曾经替皇帝起草过发往边疆的文书，这个本事在当时可没几个官员具备。

另外，从李白父亲的名字上也可以做一番推测。李白的父亲叫李客，很少会有人把“客”当作名字来用，除非李白父亲当时是“客居”在四川绵州青莲乡，没有人知道他原来的名字，因此“客”就成了李白父亲的名，至于为什么姓“李”，我们也猜测是因为唐朝的统治者姓李，所以李白的父亲就决定姓李了。不仅如此，李客还把历史上大名鼎鼎的飞将军李广认作祖先，说自己是李广将军的第二十四代血亲之一。李白长大后，跟别人做自我介绍时，还经常声称自己是皇帝的亲戚，而且按照李广这支血脉进行推理，当朝皇帝唐玄宗还是李白的侄孙呢。当然，李白不敢明说这个话，但他确实暗示过这个情况。无论如何，这些都是推测，唯一确定的是，李白的父亲李客是一个生意人，当年带着骆驼商队在丝绸之路上做生意，往返于内陆和西域，主要买卖谷物、布帛、纸张、葡萄酒等生活必需品、奢侈品，据说生意做得相当不错，积累了大量财富。

不过，唐代商人的社会地位极低，甚至比不上农民，作为商人的李客希望后代能突破阶层，最好能通过读书，光宗耀祖。但出身问题，让李白迈入仕途的道路格外坎坷。当时的工商子弟是没有资格通过科举考试来进入仕途的，而且唐朝科举考试需要有“生徒”或“乡贡”的身份来证明考生的家世、籍贯和个人品行，“来路不明”的李白根本无法投考科举。那怎么办呢？所幸还有一条路，那就是“制举”。

什么是制举呢？简单说就是通过高级官员推荐，让皇帝认识他，直接给他官职。这是一条通天之路，走好了可以直接面见皇帝。没有选择余地的李白，只能迎难而上了。

第二章

天才少年，壮志凌云

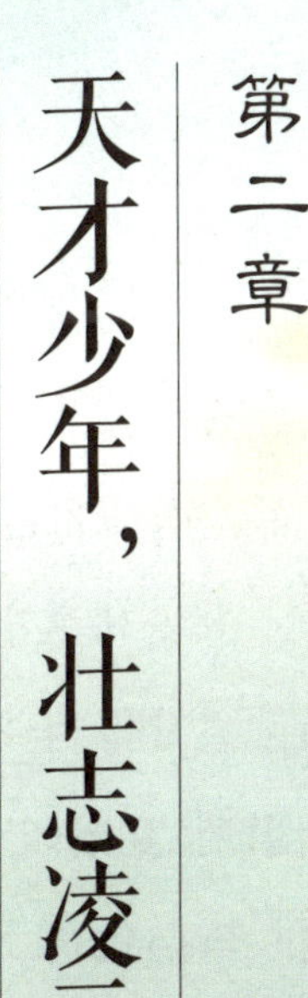

在父亲李客的督促下，李白很小的时候就展露出了天才的一面。据他自己介绍，他“五岁诵六甲，十岁观百家”（《上安州裴长史书》），意思是他五岁的时候就能诵读六甲，十岁就在读诸子百家的书；“十五观奇书，作赋凌相如”（《赠张相镐二首》），在十五岁的时候，李白的阅读领域扩大了，除了诸子百家，还读奇书，虽然我们不清楚他所说的奇书指的是什么书，但可以猜测大概是当时很少有人会读的书。另外，此时的李白在文学创作上也表现突出，他对自己作的赋非常得意，自称好过西汉大辞赋家司马相如（代表作《子虚赋》《上林赋》《大人赋》《长门赋》《美人赋》等）。

我们一般把天才看作不需要努力就能在某些方面取得很高成就的人，但其实天才也要通过后天的不懈努力才能成功。就像李白，他并不是我们想象的那种不需要努力就很厉害的天才少年，而是非常勤奋。

你听说过“只要功夫深，铁杵磨成针”这句谚语吗？相传这句谚语和李白小时候的一段经历有关。

原来，小时候的李白也有厌学的时候，有时看着一桌子书，一个字也不想读，心里禁不住想：学习实在太枯燥了，什么时候是个头呢？有一次，他在外面闲逛，看见一位老婆婆拿一根铁杵在石头上磨，就好奇地问：“老婆婆，你这是在干什么？”

老婆婆说：“我在磨针。”

李白更好奇了：“这么粗的铁杵什么时候能磨成针呢？”

老婆婆说：“只要功夫深，铁杵磨成针。”

李白因此大受激励，每天下狠功夫学习。

这个故事很可能是后人的杜撰，不过我们也可以由此看出，李白并不是天生就学识渊博、才华横溢。少年李白和我们现在一样，从小要背大量古诗文。不仅如此，他还要模仿那些诗文进行创作。比如他当时用的“课本”《昭明文选》，包含了七百多首诗文。李白不仅对这本书的内容很熟悉，而且还经常模仿其中的诗文进行创作。他“三拟《文选》，不如意，悉焚

之，唯留《恨》《别》赋”(《酉阳杂俎》)，意思是说，李白多次拟写《昭明文选》，凡写得不满意的，就直接烧了，最后只留了《恨》《别》两篇赋。看来李白不仅勤奋，还是一个自我要求非常高、对待读书写作十分认真的人。所谓“天才少年”，不过是努力的结果罢了。

李白少年时期的刻苦努力没有白费，他积累了丰富的文学知识，为日后的创作打下了扎实的基础。他在诗里经常使用典故，比如《行路难》里“闲来垂钓碧溪上，忽复乘舟梦日边”，就信手拈来两个典故：一个是姜太公钓鱼时被周文王挖掘，最后辅佐周武王灭商的故事；另一个是伊尹梦见自己乘着船从太阳旁边经过，后来被商汤聘请，辅佐商汤灭夏的典故。简单的两句诗，却包含了两个重要历史事件和历史人物，这就是李白通过读书积累的知识。类似的例子不胜枚举。

那么，读书和写作是不是李白最大的爱好呢？显然不是。十五岁的李白还有更喜欢做的事——“十五好剑术”(《与韩荆州书》)。他在大匡山大明寺和一位

叫空灵的老和尚学习剑术，这个爱好伴随了他一生。比起老老实实读书上学，成为儒生，他更愿意标榜自己是个游侠，他说“儒生不及游侠人”（《行行游且猎篇》）。

他赞美游侠的诗有很多，比如《侠客行》：

赵客缦胡缨，吴钩霜雪明。
银鞍照白马，飒沓如流星。
十步杀一人，千里不留行。
事了拂衣去，深藏身与名。
闲过信陵饮，脱剑膝前横。
将炙啖朱亥，持觞劝侯嬴。
三杯吐然诺，五岳倒为轻。
眼花耳热后，意气素霓生。
救赵挥金槌，邯郸先震惊。
千秋二壮士，烜赫大梁城。
纵死侠骨香，不惭世上英。
谁能书阁下，白首太玄经。

这首诗把当时游侠身上那种豪放、潇洒、重义气、轻生死的气质写了出来。他笔下的《白马篇》《君马黄》《少年行》，也都属于歌颂赞美游侠精神的诗歌，这与西方人颂扬骑士精神十分相似。生于盛唐，长于盛唐的李白，展现出了那个时代活泼泼的生命力，少年人的朝气和勇力在他身上体现得淋漓尽致。这种气质精神伴随了李白一生，可以说，李白终生是少年。

到了大概十八岁的时候，李白开始在家乡附近闯荡。他辗转到长平山（位于今四川绵阳）拜访了一位名叫赵蕤（ruí）的隐士。

这位隐士不是一般人，他是名门之后，精通各样学问，尤其是剑术，年轻时参加科举考试多次落榜，于是就回到家乡开始了隐居生活。他还写了一本名为《长短经》的书，李白读后非常佩服赵蕤，于是就去拜他为师。赵蕤给李白讲了《长短经》里面的治国方略，这对李白产生了一定影响，使其立志成为一个兼济天下的政治家。

有趣的是，赵蕤还在另一个方面影响了李白。

赵蕤是一位道教徒，崇尚自然，据说他和山里数以千计的鸟儿成了好朋友，每当他伸开双臂，就有鸟儿停在他的胳膊上，他张开双手，就有鸟儿过来从他掌心啄食。据说这个绝技李白也学会了。当时的广汉太守听说赵蕤和李白有这样的“特异功能”，就亲自来查看。见过之后感慨万千，认为赵蕤和李白天赋异禀，于是想请他们出山去做官，但二人没有答应。就这样，赵蕤仙风道骨的形象和举止，在十八岁的李白心里埋下了一粒种子，后来逐渐发芽、生长，促成了李白追求的第二个人生理想——求仙学道。

第三章

仗剑去国，辞亲远游

每个人年少时都有自己的人生理想，李白也不例外。在赵蕤的影响下，李白在政治和学道方面都立下了雄心壮志。

在政治上，李白“愿为辅弼，使寰区大定，海县清一，事君之道成，荣亲之义毕，然后与陶朱（范蠡）、留侯（张良），浮五湖，戏沧洲，不足为难矣”。（《代寿山答孟少府移文书》）意思是说，希望自己能辅佐皇帝治理国家，使举国上下安定清明，取得这样的功劳之后全身而退。就像历史上的范蠡（lǐ），辅佐越王勾践灭吴之后，功成身退，泛舟江上，深藏身与名。又或者像汉高祖刘邦的谋臣张良一样，辅佐刘邦统一天下后，被封为留侯就知足了，把剩下的心力都放在了学道上。

由此可以看出，李白并不是想一生为官，他只是想在政治上实现自我价值，然后再去完成第二个人生理想——过神仙一般的自在生活。而现实情况却是，这两个人生理想就像两条纠缠不清的赛道，李白在二者之间穿插前进：第一个理想遇到困难的时候，他就选择逃避，去跑第二个赛道，追求第二个理想；在第二个赛道上的李白，心里又放不下第一个理想，一有机会便切换赛道，回到追求政治理想的老路上。那么，李白的两个理想最终实现了吗？

在追求政治理想的赛道上，李白有自己崇拜的偶像，那就是鲁仲连。鲁仲连是战国时期齐国人，口才绝佳，就在当时的战国七雄之首秦国准备联合魏国攻打赵国时，鲁仲连凭借自己的三寸不烂之舌，说服魏国打消了联合秦国的举动，可以说是不战而屈人之兵。这样举重若轻的才能让李白十分崇拜。而最让李白敬佩的是，鲁仲连立下赫赫功劳后，却不愿意做官，谢绝封赏，归隐去了。于是，李白不时地念叨这个比他大一千余岁的古人，在诗里对他极尽赞美，称自己和鲁仲连是一类人：

齐有倜傥生，鲁连特高妙。

明月出海底，一朝开光曜。

却秦振英声，后世仰末照。
意轻千金赠，顾向平原笑。
吾亦澹荡人，拂衣可同调。

——《古风·齐有倜傥生》

要想像鲁仲连一样施展自己的才华和抱负，就必须去外面见见世面，尤其要想办法得到政治人物的注意。24 岁时，李白离开四川，到长江流域漫游，这是他人生中的第一次长时间漫游。

我们原以为，李白此次漫游的目的性很强，应该会去拜见大人物，好得到举荐，为自己的政治前途做努力。的确，李白也有这方面的想法，但他漫游的动机却更多样，可能是为了学道求仙，可能是出于他对山水诗的热爱而决定遍访名山大川。总之，他的漫游之旅开始之后变得丰富多彩。

725 年，李白乘舟前往江东，路过安徽的天门山，天门山的壮观美景让他深受触动，他有感而发，写下了著名的《望天门山》：

天门中断楚江开，碧水东流至此回。
两岸青山相对出，孤帆一片日边来。

背诗时间到

望天门山

〔唐〕李白

天门/中断/楚江开，碧水/东流/至此回。
两岸/青山/相对出，孤帆/一片/日边来。

天门山分为东梁山和西梁山，中间被长江断开，就像打开了山门一样，碧绿色的江水夹在两座高山之间，波涛汹涌。一条小舟随流动的江水驶来，远远地，就像从太阳那里来的一样。

整首诗是一幅美丽壮观的山水画，碧水青山，红日白帆，但又比山水画精彩，因为它是动态的。李白用“断”“开”“流”“回”“出”“来”六个动词，把

这种动态美写了出来。诗题中的“望”字暗示了诗人的视角是由远而近的，也就是说，此时李白正在小舟之中，远望雄伟壮丽的天门山，感受着波涛起伏的楚江，不禁诗兴大发，于是大笔一挥，写就了这首流传千古的名作。

这是一首美妙的写景诗，背诵这首诗的时候，可以采用“绘图记忆法”。

先画出东梁山和西梁山，它们相对而立，合起来就叫天门山，这就是诗的第三句“两岸青山相对出”。

在东梁山和西梁山之间，画上一条碧绿色的楚江，这就是诗的第一句和第二句——“天门中断楚江开，碧水东流至此回”。

楚江远处是一只小帆船，再远处是一轮红日，这是诗的最后一句“孤帆一片日边来”。

我们通过绘图记忆法不仅背诵了这首诗，还学会了在写作中运用“绘图”的方法来描写景物。当你去旅行的时候，是不是也可以写写眼前“望”到的景物呢？

李白一生，足迹遍布名山大川，留下了许多不朽诗文，这首《望天门山》就是其中之一。另外一首作于同一时期的写景诗《望庐山瀑布》也脍炙人口、流传千古。一般认为，这首诗作于725年前后，是李白第一次游览庐山时所作：

日照香炉生紫烟，遥看瀑布挂前川。
飞流直下三千尺，疑是银河落九天。

背诗时间到

望庐山瀑布

〔唐〕李白

日照/香炉/生紫烟，遥看/瀑布/挂前川。
飞流/直下/三千尺，疑是/银河/落九天。

这一次李白又“望”到了哪些景物呢？试着用绘图记忆法，一边画出草图，一边背诵这首诗，同时跟着大诗人李白学习写景的手法。

首先，“日照”告诉我们，画面上有一轮太阳，“香炉”指的是什么呢？这里可不是用来烧香的那个“香炉”，而是庐山上的一座山峰——“香炉峰”，不过，在这里李白把香炉峰想象成了一个香炉，用“生紫烟”这三个字描绘出香炉峰在阳光的照射下，升腾起紫色的烟雾，这样的气象，何等壮观。所以我们需要先画一轮太阳，再画一座香炉峰，然后在香炉峰周围画上紫色的烟雾，这就是诗的第一句所展示的画面了——“日照香炉生紫烟”。

你是不是很好奇，哪儿来的烟雾呢？这就要从下一句诗里找答案了。继续看第二句“遥看瀑布挂前川”。这一句出现了这首诗的主角——瀑布。原来瀑布飞泻，水汽上腾，激起了层层水雾，在阳光照射下，就像是香炉峰这个大香炉生出的团团紫烟一样。好了，现在我们赶紧把香炉峰上的瀑布画上。画好之后，诗的第二句就出来了——“遥看瀑布挂前川”。一个“挂”字把静态的景物一下子激活了——瀑布就像一条白练，挂在山峰上，垂直落下，激起层层水花。我们仿佛听到了瀑布垂落时发出的巨大轰响。

接下来，诗的第三句对瀑布作了进一步描写——“飞流直下三千尺”。“飞流”指的就是瀑布，“三千尺”说的是瀑布的长，同时也突出了山峰的高，李白用夸张的手法把瀑布的壮观、绚丽、势不可当描绘得淋漓尽致。

最后一句“疑是银河落九天”，李白发挥了他天才的想象力，望着眼前的庐山瀑布，他竟然想到了天上的银河，说瀑布就像从天而降的银河一样美丽，成功把我们带入了仙境中。

李白的《望天门山》和《望庐山瀑布》教会了我们一种背诵诗歌的方法——绘图记忆法，适用于所有写景诗。通过描绘画面，我们不仅知道诗里写的景物有哪些，还发现了诗人描写景物的技巧，比如《望庐山瀑布》中，李白除了描写眼前的实景，还运用了夸张、想象的手法，把实景写出了浪漫、梦幻的色彩，真的是太厉害了！我们也要学习他这样的写作手法，让自己的写景文章富有生机和活力。同时我们也要像漫游时的李白一样，不忘把自己的所见所闻、所思所想用文字记录下来，每当心有所感，就提笔写下，说不定你也能成为大作家呢！

就这样，李白一边漫游，一边写诗。时间不知不觉就来到了726年。这一天，囊中羞涩的李白身处扬州的一家旅舍，此时他有病在身，身边却无人照顾。一个人孤苦伶仃，从早挨到晚，日子实在不好过。夜深人静，26岁的李白抬头望着夜空中的一轮明月，一股思乡之情油然而生，他想起了远方的家乡和亲爱的家人，他们现在正在做什么呢？会不会也想起了远方的他呢？这样想着想着，一首诗便脱口而出了，这便是我们今天最熟知的《静夜思》：

床前明月光，疑是地上霜。
举头望明月，低头思故乡。

四处漫游的李白，被浓浓的思乡之情击中，“举头望明月”这个简单的动作，从此将中国人对故乡的思念和月亮连在了一起。和李白其他汪洋恣肆的诗比起来，《静夜思》的语言十分简洁直白，给人一种宁静安详之感。只要故乡还在，纵然是在外漂泊，内心

也是安宁的吧。

你知道吗?

《静夜思》这首诗中有一个字引发了很多争论，就是第一句里的“床”字。很多人给出了不同的解释。

第一种解释说这个“床”指的是井台，“床前明月光”说的是井台前面洒下了明亮的月光。

第二种解释说这个“床”指的是井栏。考古专家发现，我国古代的水井周围都有一井栏，防止人们不小心掉进井里。那么，李白诗里的“床前明月光”可能是说井栏前洒下了明亮的月光。

第三种解释也很有意思，说诗里的“床”是“窗”的通假字，虽然人在室内，但透过“窗”是可以看到月亮的，因此“举头望明月”是合理的。

第四种解释认为，这个床指的是胡床，是一种类似马扎的坐具。这样一来，画面就成李白坐在马扎上，望着天上的月亮，想念着远方的家乡。

以上四种说法你觉得哪一种最可取呢？按照你的选择来画一幅“望月思乡图”吧。

第四章

入赘安陆，幸会孟老

没过多久，在扬州旅舍中卧病在床的李白，有幸得到当地一位官员的帮助，此人名叫孟荣，得知李白有难便立即赶来，请了大夫为李白治病。李白康复后，两人相伴在扬州游览了一番。后来，孟荣语重心长地对李白说:“兄弟，别漂了，不如先成家吧，建议你去安陆（今湖北安陆）这个地方安个家。”

安陆有一个著名的许氏家族，祖上出过几任高官，其中一位还做过皇帝的伴读。虽然家族势力衰落不如以前了，但毕竟在安陆这个地方依然算是名门望族。许家正好有一位尚未出阁的二十多岁的女子，知书达礼，在音乐和绘画方面都很有造诣。在孟荣的撮合下，许氏后来成了李白的妻子，李白是入赘到许家的。

根据现有资料，我们很难判断李白和许氏的感情如何，但后来李白在离家“求职”的日子里，曾写过十一首题为《寄远》的组诗，有几首随信件寄给了妻

子。下面这首是其中的第六首，从中我们可以感受到李白对妻子的思念之情：

阳台隔楚水，春草生黄河。
相思无日夜，浩荡若流波。
流波向海去，欲见终无因。
遥将一点泪，远寄如花人。

——《寄远》（其六）

李白和许氏育有一女一儿，女儿叫平阳，儿子叫伯禽，小名明月奴。明月奴带有西域风情，有人因此猜测李白的出生地确实很可能在西域的碎叶，至少说明李白对西域文化十分了解和喜爱。

李白很爱这两个孩子，他漂泊在外的时候，会不时想念他们，这些思念之情自然也被他写在了诗中：

我家寄在沙丘傍，三年不归空断肠。
君行既识伯禽子，应驾小车骑白羊。

——《送萧三十一之鲁中兼问稚子伯禽》（节选）

这是李白叮嘱一位要回乡的朋友，代他去家里看看儿子伯禽好不好。字里行间流露出一位父亲对儿子的殷切惦念。

还有一首《寄东鲁二稚子》是写给平阳和伯禽的：

娇女字平阳，折花倚桃边。
折花不见我，泪下如流泉。
小儿名伯禽，与姊亦齐肩。
双行桃树下，抚背复谁怜？

——《寄东鲁二稚子》（节选）

客居他乡的李白见不到一对儿女，只能靠写诗来抒怀。“折花不见我，泪下如流泉”一句写女儿因为见不到爸爸而流泪，实际上这是李白脑海中想象的场景，是他自己感情的流露，读来让人潸然泪下。可见李白并不是一个绝对潇洒、无所牵挂的人，他丰富的情感世界中既有大鹏展翅、万里河山的豪迈，也有难以割舍的儿女情长。

李白的婚姻和子女

李白和许氏的婚姻维持了十年左右，许氏病逝后，李白带着一对儿女到山东生活。

在山东期间，李白曾与一位刘氏一起生活过，但并不是正式的婚姻关系。后来据说刘氏嫌弃李白不务正业，整天只知道饮酒作诗，导致两人关系恶化，最终各奔东西。后来李白做官后，还写过“会稽愚妇轻买臣”的句子讽刺她。这句诗借用了朱买臣的典故。朱买臣是汉武帝时期的名臣，年轻时是个落魄书生，妻子嫌弃他没出息就跟了别人。后来朱买臣当上了会稽太守，逐步被朝廷重用，大器晚成。

后来，李白还纳了一个妾（也有人认为没有纳为妾，只是生活在一起），生有一子名叫李天然，小名颇黎（也有人认为李天然是李白的另一个儿子）。

再后来，李白和曾经的宰相宗楚客的孙女成婚。在李白因政治风波而入狱期间，宗氏前后奔波，搭救李白，可以说是重情重义。

在安陆期间，李白认识了比他大十二岁的孟浩然，两个人很快成了好朋友。孟浩然是当时诗坛大名鼎鼎的人物，那首人人都会背的《春晓》就是他的代表作。

春眠不觉晓，处处闻啼鸟。
夜来风雨声，花落知多少。

李白非常喜欢孟浩然，他曾写诗直接向孟浩然“表白”：“吾爱孟夫子，风流天下闻。红颜弃轩冕，白首卧松云。”（《赠孟浩然》）这里的孟夫子就是孟浩然，李白的意思是说：我太爱孟浩然了，他才华盖世天下闻名，他年轻时就不愿戴官帽，年老后隐居在山林之间逍遥物外，我真是太喜欢他了。

李白崇拜孟浩然的风流倜傥，不拘一格，潇洒自在，还有他与自然万物融为一体的浩然之气。他经常与孟浩然把酒言诗，二人相处甚欢。

在安陆的第四个年头，也就是730年，李白得知孟浩然要去广陵（今江苏扬州），就托人带去消息，

约他在黄鹤楼（位于今湖北武昌）相见。酒过三巡，船夫提醒孟浩然该出发了，李白将孟浩然一直送到江边，才依依不舍挥手道别。此情此景，被李白写在了《黄鹤楼送孟浩然之广陵》中：

故人西辞黄鹤楼，烟花三月下扬州。
孤帆远影碧空尽，惟见长江天际流。

背诗时间到

黄鹤楼送孟浩然之广陵

〔唐〕李白

故人/西辞/黄鹤楼，烟花/三月/下扬州。
孤帆/远影/碧空尽，惟见/长江/天际流。

诗的题目很清楚地表明这是一首送别诗，因此背诵的时候，我们可以采用“故事记忆法”。从诗中找出故事发生的时间、地点、人物、事件，还有故事发

生时的环境以及传达的情感。

李白送孟浩然发生在什么时候呢？诗里告诉我们了，是繁花似锦的阳春三月。地点是哪里呢？是黄鹤楼。人物有谁呢？李白和故人，故人就是老朋友的意思，这里指的是孟浩然。事件呢？孟浩然要去广陵，李白在黄鹤楼为他饯行。当时的环境如何呢？碧蓝的天空下，长江向东流去，一只帆船顺水而行，影子倒映在江面上。

这首诗的情感如何呢？诗的最后两句“孤帆远影碧空尽，惟见长江天际流”告诉我们，李白一直目送孟浩然乘坐的小船渐行渐远，直到彻底离开他的视线，只看到长江朝着天的尽头滚滚东去，可见李白在江边站了很久，对老朋友孟浩然一片深情。

这首诗虽然也表达了离别时的不舍，但更多的是一种潇洒快意的心情。李白仿佛很羡慕孟浩然，能在这大好春光里去往处处烟柳繁华的扬州游玩。在繁华的盛唐，在烟花三月的季节，在黄鹤楼这样一个有着神仙传说之处，还未成名的李白目送自己的偶像孟浩然前往扬州，一切都是美丽的、繁盛的、充满希望的。

那么，你能根据“故事记忆法”，背下这首诗吗？

试着把故事里的几大要素填写在空白处：

（人物）______西辞______（地点），

（时间）烟花______下______（地点）。

（交通工具）______远影______（环境）尽，

惟见长江______（环境）。

第五章 自荐求官，四处碰壁

好男儿志在四方，安陆的稳定生活并没有让李白停下前进的脚步，“仗剑去国，辞亲远游”（《上安州裴长史书》）依然是他此时最想做的事。古人云，“三十而立”。三十岁的李白正在积极地向各种政治人物毛遂自荐。

他来到荆州（今湖北荆州）时，听说荆州长史韩朝宗喜欢举贤任能，经常向朝廷推荐有识之士，于是就写了一封自荐信给韩朝宗（《与韩荆州书》），希望能得到举荐。这封信就像我们现在的求职信一样，但李白这封文采斐然的求职信却成了千古名篇。

他起笔引用了当时流传甚广的一句话来“讨好”韩朝宗——“生不用封万户侯，但愿一识韩荆州”，意思是此生不求被封为万户侯，但求能见一面韩朝宗，这显然是恭维话，因为李白给韩朝宗写信，就是为了得到他的赏识和举荐。可是这样的开头，确实能博得对方的好感。

紧接着，李白开始高调介绍自己。他是这么说的：“我李白，十五岁就喜爱剑术，拜见了很多地方长官，三十岁的时候，因为文采斐然，又拜见了很多达官显贵。我志气雄壮，胜于万人。王公大人们无不称赞我有气概，讲道义。”

这可犯了大忌。试想一下，如果你是韩朝宗，心里会不会犯嘀咕：既然这么多地方长官、达官显贵、王公大人都欣赏你李白，那你怎么到如今还没有得到一官半职呢？此事必有蹊跷。

李白根本不管那么多，自夸之后，继续发挥自己的文采，使劲儿拍韩朝宗的马屁，说韩朝宗“君侯制作侔神明，德行动天地，笔参造化，学究天人”。还说“必若接之以高宴，纵之以清谈，请日试万言，倚马可待。今天下以君侯为文章之司命，人物之权衡，一经品题，便作佳士。而君侯何惜阶前盈尺之地，不使白扬眉吐气、激昂青云耶？”

意思是，韩大人您的著作简直是神来之笔，您的德行可以感天动地，您的文笔纯乎天然，您的学问已经参透了天地万事万物……这么优秀厉害的您，只要

给我一个小小的机会，在某个宴会上让我高谈阔论一番，或是您随便出一道题考考我，我一定大笔一挥，知无不言，言无不尽啊！天下人都信任您的眼光，我的文章如果有幸得到您的品评，我岂不是立即就能扬眉吐气、直上青云了吗？这样的机会，一定要给我呀！

但韩朝宗可不这么想，他是个言行谨慎的人，十分看不惯李白的夸夸其谈——这个人会不会只是个空有一张嘴，没什么实际能力的人呢？韩朝宗后来确实没有引荐李白。一封流传千古的求职信，在当时可以说石沉大海了。

但豪气冲天的李白，并没有因此而受挫。他继续想方设法多方面、多途径地“推销”自己。他给安州裴长史写信自荐，摆事实、讲道理，为安州长史仔细分析了自己的人格魅力：

第一，我少小努力，博览群书，喜欢文学创作，三十多年来，从未停止过。

（五岁诵六甲，十岁观百家。轩辕以来，颇得闻矣。常横经籍书，制作不倦，迄于今三十春矣。）

第二，我志向远大，不惜辞别亲人，仗剑远游，

为的就是实现人生抱负。

（以为士生则桑弧蓬矢，射乎四方，故知大丈夫必有四方之志。乃仗剑去国，辞亲远游。）

第三，我轻财好施，扶危济困，曾经在不到一年的时间内散尽金银三十多万，看到那些落魄公子，不管认识不认识，我都会接济他们。

（曩昔东游维扬，不逾一年，散金三十余万，有落魄公子，悉皆济之。此则是白之轻财好施也。）

第四，我存交重义。当年在四川，我和朋友吴指南一起游玩，结果他死在洞庭湖上，我痛哭不止，眼泪哭干，哭出了血，那些路过的人看到我这样，没有不伤心的。有猛虎看到了吴指南的尸体，想上来抢，我坚守尸体，半步未曾离开。后来把尸体葬在洞庭湖旁边。几年之后，我回来看望吴指南的尸体，发现筋骨还在，于是一边哭一边把骨头清理干净，裹好之后，背着离开。晚上睡觉都随身携带，未曾离身。后来，我又到处借钱把他的尸骨安葬在鄂城（今湖北武昌）东面。我就是这样的轻生死、重义气。

（又昔与蜀中友人吴指南同游于楚，指南死于洞

庭之上，白禫服恸哭，若丧天伦。炎月伏尸，泣尽而继之以血。行路间者，悉皆伤心。猛虎前临，坚守不动。遂权殡于湖侧，便之金陵。数年来观，筋骨尚在。白雪泣持刃，躬申洗削。裹骨徒步，负之而趋。寝兴携持，无辍身手，遂丐贷营葬于鄂城之东。）

第五，我不是个为了名利就失去自我的人，我有我的态度。当年我和隐士东严子，也就是赵蕤，隐居在岷山，我们养了上千只鸟，叫鸟儿过来，它们就过来，到我们的手掌心吃食，广汉太守听说了还亲自来观看，随后他想聘用我们，我们没答应，因为我们是有态度的人，不是谁都能请得动的。

（又昔与逸人东严子隐于岷山之阳，白巢居数年，不迹城市。养奇禽千计，呼皆就掌取食，了无惊猜。广汉太守闻而异之，诣庐亲睹，因举二以有道，并不起。此白养高忘机，不屈之迹也。）

第六，我才华横溢。这可不是我说的，是别人评价我的。比如前礼部尚书苏公，他说我是天才，一下笔就停不下来，如果能广泛学习，将来可以与西汉大辞赋家司马相如比肩。这个评价，天下人都知道。还

有马公，也对我以礼相待，而且称我是奇才，背后夸赞我，说："李白的文章，清雄奔放，句句动人。"

（又前礼部尚书苏公出为益州长史，白于路中投刺，待以布衣之礼。因谓群寮曰："此子天才英丽，下笔不休，虽风力未成，且见专车之骨。若广之以学，可以如比肩也。"四海明识，具知此谈。前此郡督马公，朝野豪彦，一见礼，许为奇才。因谓长史李京之曰："诸人之文，犹山无烟霞，春无草树。李白之文，清雄奔放，名章俊语，络绎间起，光明洞澈，句句动人。"）

这一番自我分析之后，不知安州长史怎么看，我们只知道，安州长史并没有给他安排一官半职。李白在书信的结尾写道："若赫然作威，加以大怒，不许门下，遂之长途，白既膝行于前，再拜而去……"意思是，如果您赫然发威，不欣赏我，根本不让我进门，还要怀着怒气把我驱逐，我只能双膝跪地，前去府上，再次拜见您之后离开了。

我们可以看到，性格孤傲的李白也有卑微的一面，为了谋取政治前途和不得罪权贵，他也不得不低

下自己的头。

显然，而立之年的李白在追求政治理想的过程中并不顺利。这时李白遇到了当时著名的隐士司马承祯，他称赞李白“仙风道骨”，这再次激起了李白求仙问道的理想。同一时期，李白还结交了道教中人胡紫阳和他的弟子元丹丘。元丹丘后来成了李白一辈子的好朋友。

带着对神仙的向往之情，三十七八岁的李白来到了道教圣地山东。他在山东任城（今山东济宁）安了家，和一帮朋友隐居在徂徕山，号称“竹溪六逸”。看上去，李白似乎要隐居山林不问世事了，然而山东这个地方又唤醒了他对一个人的记忆——鲁仲连，因为鲁仲连正是山东人。

谁道泰山高，下却鲁连节。
谁云秦军众，摧却鲁连舌。
独立天地间，清风洒兰雪。

——《别鲁颂》（节选）

李白在诗中把鲁仲连的地位抬到了前所未有的高度，说鲁仲连的气节比泰山还要高，鲁仲连的口才可敌千军万马，鲁仲连的气度非凡，像清风吹过，将雪洒在兰草之上那样高洁。这样的鲁仲连，我怎么能忘怀呢！

对鲁仲连念念不忘，意味着李白对自己的政治抱负难以割舍，不可能真正去过一种不关世事的神仙生活。短暂的中场休息后，他又开始努力了。

这一次，他拜见的是当时著名的书法家李邕。李邕人称“李北海”，做过北海太守。李白希望得到这个比自己年长二十多岁的老人的赏识，为自己铺一条政治升迁之路。很可惜，李邕看着眼前这个“口出狂言”的年轻人，只是捻须微笑。可能是李白的狂傲让李邕觉得不靠谱，他奉劝了李白几句，不料李白并不领情，后来写了一首《上李邕》表明心志：

大鹏一日同风起，扶摇直上九万里。
假令风歇时下来，犹能簸却沧溟水。

世人见我恒殊调，闻余大言皆冷笑。

宣父犹能畏后生，丈夫未可轻年少。

在诗中，李白自比大鹏鸟，说:“大鹏鸟总有一天可以借助风力直上云霄，就算是风停了，大鹏鸟的力量也足以让沧溟水颠簸万状。人们都说我李白喜欢大放厥词，见了我就对我冷笑。孔子尚且觉得后生可畏，大丈夫可不要小看年轻人！”

不难看出，这首诗里充满了不服，年轻气盛的李白告诫比他大二十多岁的李邕：你可别小瞧人！由于在李邕这里也碰了壁，李白只好选择继续南下，到江苏、浙江、安徽等地继续漫游，等待时机。

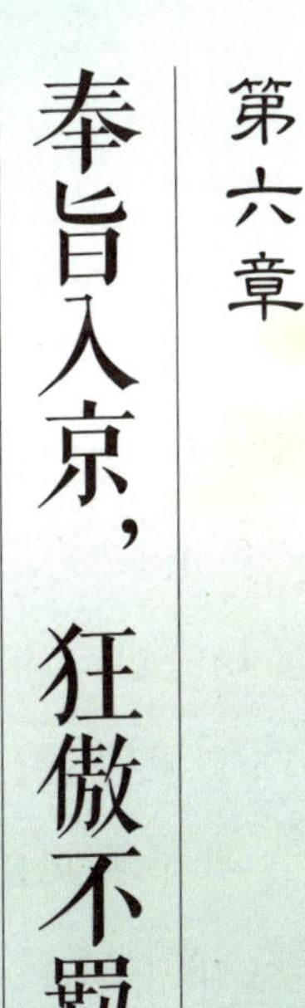

第六章 奉旨入京，狂傲不羁

真是“踏破铁鞋无觅处，得来全不费功夫”（《绝句》），李白的一位道教徒朋友吴筠就在此时被唐玄宗宣召入京了。吴筠借机向唐玄宗的妹妹玉真公主推荐了李白，说李白文采飞扬，风度翩翩。玉真公主也是一位道教徒，听了吴筠的推荐，对李白十分感兴趣，便想一睹李白的风采，于是又把李白推荐给了唐玄宗。

机会终于来了！听到天子宣自己入京的消息，李白多年的愤懑不得志一扫而空。《南陵别儿童入京》便记述了李白当时扬眉吐气、兴高采烈的心情。

白酒新熟山中归，黄鸡啄黍秋正肥。
呼童烹鸡酌白酒，儿女嬉笑牵人衣。
高歌取醉欲自慰，起舞落日争光辉。
游说万乘苦不早，著鞭跨马涉远道。

会稽愚妇轻买臣，余亦辞家西入秦。

仰天大笑出门去，我辈岂是蓬蒿人。

“仰天大笑出门去，我辈岂是蓬蒿人。”皇帝的宣召让李白自信满满，更坚定了对自己才华的判断——我李白是个人物，是个大人物，谁都别小瞧我！

这一年是742年，李白已经四十二岁了。他在追求政治理想的赛道上奔跑了二十多年，现在一下来到了天子脚下——都城长安。

李白刚到长安时，下榻在旅店。当时八十四岁高龄的诗坛泰斗贺知章听说了，亲自前去拜访。贺知章见李白果然仙风道骨，器宇不凡，心下欢喜，接着又读了李白的《蜀道难》，还没读完，便赞不绝口，称李白为“谪仙人”——从天上被贬到人间的神仙。贺知章邀请李白喝酒，却发现自己并没有带钱，怎么办呢？干脆把身上佩戴的金龟拿下来换酒喝吧！于是两个人一醉方休。后来，贺知章又看了李白写的《乌栖曲》，不由得一遍遍吟诵：

姑苏台上乌栖时，吴王宫里醉西施。
吴歌楚舞欢未毕，青山欲衔半边日。
银箭金壶漏水多，起看秋月坠江波。
东方渐高奈乐何！

——《乌栖曲》

吟罢赞叹道：“此诗可以泣鬼神矣。”意思是说，连鬼神看了这首诗都会感动得潸然泪下。

后来，“谪仙人”和“泣鬼神”的典故还被杜甫写在了诗中：

昔年有狂客，号尔谪仙人。
笔落惊风雨，诗成泣鬼神。

——《寄李十二白二十韵》（节选）

渐渐地，“诗仙”李白的称谓越传越广，不仅同时代的人认为李白称得上是诗仙，后世的文学评论家也这么认为。宋代诗论家严羽在《沧浪诗话》中称赞李白的诗是“天仙之词”，明代诗词大家杨慎在《升庵诗话》中说“李白神于诗”。就这样，李白“诗仙”的称谓就一直流传了下来。

李白的诗充满夸张和天才般的奇特想象，描写的很多画面似乎是天上才有的情景，比如：

危楼高百尺，手可摘星辰。

不敢高声语，恐惊天上人。

——《夜宿山寺》

天台四万八千丈，对此欲倒东南倾。

我欲因之梦吴越，一夜飞度镜湖月。

——《梦游天姥吟留别》（节选）

据说在到长安前，李白的名声早已在长安传开。当他真正到的时候，唐玄宗不仅亲自迎接他，还为他亲手调羹。根据《酉阳杂俎》的记录，唐玄宗接见李白时，也被李白的风度迷住了，觉得他“神气高朗，轩轩然若霞举”，意思是说李白整个人神采十足，气宇轩昂，好像云霞飘飞。

既然唐玄宗这么欣赏李白，一定会重用他吧？且慢，事情没这么简单。李白虽奉诏到翰林院工作，但唐玄宗看重的并非李白的政治才能，而是他在文学艺术方面的才华。皇帝经常在酒宴上召见李白，让他即兴创作诗歌，然后让宫里的乐队配上曲子演奏出来。

有一次，宫里的牡丹花开了，唐玄宗和集三千宠爱于一身的杨贵妃游园赏花，并请当时的宫廷流行歌手李龟年出来献唱。听着听着，皇帝觉得这些歌都听腻了，没什么新意，正烦恼着，他想起了大诗人李白，“快宣李白！”李白到了之后，挥笔写了三首《清平调》，都是赞美杨贵妃的。第一首尤其出名：

云想衣裳花想容，春风拂槛露华浓。
若非群玉山头见，会向瑶台月下逢。

在这首诗里，李白把杨贵妃写成了一位仙女，说看到杨贵妃的衣裳就让人想起天上的彩云，看到杨贵妃的容貌就让人想起娇艳的鲜花，像这样国色天香的女子，如果不是在群玉山头看见，就只能在瑶台的月光下面遇见了。

李白不仅把杨贵妃的仙气写了出来，还讨得了皇帝的欢心。就这样，在皇宫里的李白成了皇帝用来享乐的工具，皇帝欣赏他不拘一格的潇洒风流却并没有想真的重用他。但伴君如伴虎，李白这么受宠，本身就是一个危险信号。可李白是当局者迷，并没有提高警惕，反而越发狂妄起来。他后来结交的朋友、诗人杜甫曾写过一首题为《饮中八仙歌》的诗，里面这样写醉酒的李白：

李白一斗诗百篇，长安市上酒家眠。

天子呼来不上船，自称臣是酒中仙！

从诗里我们能看到李白有多狂了，说他喝醉酒之后，皇帝召见他，他都不理睬，还说自己是酒仙。既然是酒仙，自然不必搭理人间的什么皇帝了。

在长安，李白过着狂傲不羁的日子。有人说他还让皇帝的贴身太监高力士为他脱过靴子，让杨贵妃为他研墨，一时风光无限。于是他提醒那些曾经看不起

自己的人：“我现在可是天天在皇帝左右的人，‘当时笑我微贱者，却来请谒为交欢。’——那些曾经笑话我卑微低贱的人，现在怎么样呢？还不是一个个来请求拜见我，恨不能和我结交同欢吗？”

正所谓“高处不胜寒”，李白越是得宠，越容易招人嫉妒、引来祸端。他写的《清平调》三首中的第二首，把杨贵妃比作汉宫美女赵飞燕，本来是奉承的话，却被高力士故意曲解了。他悄悄告诉杨贵妃：“李白这样写是嘲讽您，您想啊，赵飞燕是什么身份？不过是一个地位低贱的民女，李白把您比作赵飞燕，是何居心？”

这样的恶意诋毁破坏了皇帝和贵妃对李白的信任，李白在宫里待得不大自在了。同时他也意识到，自己来长安的目的不是享受荣华富贵，而是建功立业。可是怎么办呢？皇帝并没有想让他参与政事的意思啊。

744 年，李白在长安待了两年后，渐渐厌倦了歌舞升平的日子，宴会上的迎合让他感到疲惫，热闹结束之后，是无尽的孤独和落寞，他只能靠饮酒作诗来排遣心中的郁闷：

花间一壶酒，独酌无相亲。
举杯邀明月，对影成三人。
月既不解饮，影徒随我身。
暂伴月将影，行乐须及春。
我歌月徘徊，我舞影零乱。
醒时同交欢，醉后各分散。
永结无情游，相期邈云汉。

——《月下独酌四首》（其一）

没人陪李白喝酒，他便举杯邀明月，再加上自己的影子，勉强凑成三个“人”。这样就不孤独了吗？并没有。因为月亮“不解饮”——不懂喝酒，而影子呢？“影徒随我身”——只知道一直跟着我的身体晃来晃去。可是又能如何呢？暂且就让月亮和影子陪我饮酒作乐吧，我高歌一曲，月亮仿佛也有了回应，在夜空徘徊；我醉舞一会儿，影子也随着我的步伐，零乱地舞了起来……

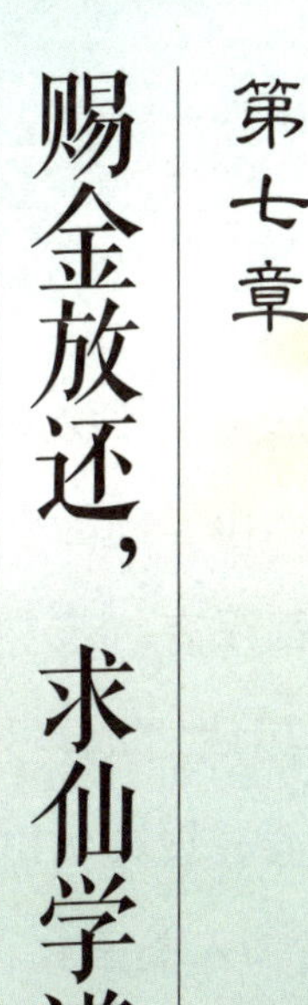

第七章 赐金放还，求仙学道

李白太孤独了，却没人懂他。当时，唐朝的执政大权落在了李林甫、杨国忠等奸诈小人的手中，李白连插手的余地都没有，还要常常遭受排挤。他空有政治理想，苦无用武之地，只能在诗里倾诉自己的处境：“谗惑英主心，恩疏佞臣计。彷徨庭阙下，叹息光阴逝。”（《答高山人兼呈权、顾二侯》）皇帝已经被小人的谗言蒙蔽，如果继续待在宫里，也不过是浪费时间而已。于是他想到了退出官场，去追求另一个人生理想。这时，皇帝也对他厌倦了。于是，当李白表达了要离开长安的意思后，皇帝答应了，给了李白一大笔钱，“赐金放还”。

这个选择很符合李白的个性，他从小不喜欢被束缚，身上有种野性的游侠精神。皇宫中的李白就像被关在笼子里的猛虎，时间一长，身上的光芒会被磨损殆尽，只有放虎归山，才能让猛虎继续生猛下去。

于是，李白再一次开启了漫游模式，这一次，他的目标是实现人生的第二个理想——学道成仙。他去的地方主要是河南开封和山东单县。河南开封是当时的水陆要冲，四通八达，所以李白在这里待的时间比较久。而待在山东则是因为那里是当时的道教中心，他要在这里学道。

在河南开封时，他遇见了两个好朋友——岑勋和元丹丘，三个人准备一醉方休。为了让两位朋友多喝，李白不停地劝酒，劝的方式也很高级，用诗来劝。感谢那一场三人聚会，我们才有幸读到千古名篇——《将进酒》。

诗的前两句说："君不见黄河之水天上来，奔流到海不复回。君不见高堂明镜悲白发，朝如青丝暮成雪。"意思是：小伙伴们，你们看，浩荡澎湃的黄河就像从天上奔流而来的一样，结果怎么样呢？流到海里就回不去了。你们再看看镜子里的自己，早上还满头黑发，结果怎么样呢？晚上就白得像雪了。所以啊，时光易逝不再回，"人生得意须尽欢，莫使金樽空对月"，今晚我们不醉不归，"烹羊宰牛且为乐，会须一饮三百杯"。来来来，岑夫子，丹丘生，你们两位赶

紧把这一杯干了，干了这一杯还有第二杯、第三杯，谁都不许把酒杯放下，都满上！

这一次，为了喝得尽兴，李白不惜在没钱买酒的情况下，让儿子把衣物拿去典当，换了美酒来喝——“五花马，千金裘，呼儿将出换美酒，与尔同销万古愁。”虽然此时的李白经历了政治上的失意，心里愁苦万状，想要借酒浇愁，但他并没有被现实压垮，他在诗里说:“天生我材必有用，千金散尽还复来”，这种自信满满、豪情万丈的风度古往今来屈指可数。

饮酒，是李白的一大爱好，他认为不仅他爱酒，连天和地都爱酒，他说“天若不爱酒，酒星不在天。地若不爱酒，地应无酒泉。天地既爱酒，爱酒不愧天。”(《月下独酌四首》〔其二〕) 天上既然有一颗酒星，说明天爱喝酒。地上既然有酒泉这个地方，说明地也爱喝酒。天地既然都爱喝酒，那我爱喝酒就无愧于天地。李白从不觉得酒后失态是什么大事，逍遥自在才是他想要的，所以“且须饮美酒，乘月醉高台。”(《月下独酌四首》〔其四〕) 有时，他还带着酒壶四处走动——“携壶酌流霞”(《九日》)，喝多了帽子掉落了都不知道——“落帽醉山月”（《九日》）。

他和好友饮酒不说，跟陌生人都不忘蹭酒喝。一次，他从终南山下来时，路过一位姓斛斯的山人家，准备借住一晚。这位山人为他置办了酒席，“欢言得所憩，美酒聊共挥。”（《下终南山过斛斯山人宿置酒》）两个人边喝边聊，不亦乐乎。

这次漫游还有一件事必须一提，那就是我们的伟大诗人李白和另一位伟大诗人杜甫在河南洛阳相遇了。

此时，四十多岁的李白已经名震四海，厌倦了官场，正一心一意地求仙学道；而三十多岁的杜甫还默默无闻，正要赶往长安追求仕途上的成功，他听了很多关于李白的传说，对李白满是崇拜。

两人相遇后，一起在河南开封漫游，杜甫发现自己更喜欢李白了，“酒后竞风采，三杯弄宝刀”（《白马篇》），他被李白身上的飘然和俊逸深深吸引了，竟然不顾远大前途，放下赶往长安的急切心情，和李白相约到宋州采瑶草。瑶草是传说中的仙草，吃了能包治百病，还能长生不老。

就这样，两位大诗人渡过波涛汹涌的黄河，到达道家圣地王屋山。除了采瑶草，他们还要到山上拜访著名道士华盖君。李杜二人满腔热忱上了山，仙草采到没有我们不知道，但华盖君已死的消息他俩确实听到了。这对他们来说无疑打击甚大——怎么连道行这么深的华盖君都死了呢？李杜二人于是失望地离开了王屋山。

巧的是，这年秋天，二人在路上遇到了写下著名诗句“莫愁前路无知己，天下谁人不识君”（《别董大》〔其二〕）的边塞诗人高适。李白、杜甫、高适三人情投意合，三人结伴而行。他们辗转来到山东单县的一片游猎区，三个人呼鹰走马，体验了一把游猎生活。

这段时光让三个人都过足了瘾，但饮酒高歌之际，李白对当时的政局充满了担忧，因为这一时期的唐玄宗为征战边远地区而大动干戈，却屡屡战败，受苦的都是普通百姓。李白写了一首《战城南》，指出“兵者是凶器，圣人不得已而用之”，表达了对国家和时局的担忧。

不久，三人离开单县，高适南下楚地，杜甫则和李白一同前往山东齐州（今山东济南）。李白这次到齐州有大事要办，他要请高天师在紫极宫为他授道箓。什么是道箓呢？道箓就是道教的符箓，你可以简单理解为是一个写满天上神仙名字和各种符咒的小册子或小卡片。可别小看了这个道箓，它相当于一个身份认证，拥有道箓，才算是正式成为一名道士。李白此行不仅获得了道箓，还得到了一套道士服，此后便可以道士装扮行走江湖了。

李白在求仙学道方面十分认真，他说自己“云卧三十年，好闲复爱仙”（《安陆白兆山桃花岩寄刘侍御绾》），有时梦里都在学道——“梦中往往游仙山”（《下途归石门旧居》）。不仅如此，在李白看来，仙人们也特别需要他的加入：

石壁望松寥，宛然在碧霄。
安得五彩虹，驾天作长桥。
仙人如爱我，举手来相招。

——《焦山望寥山》

多情的李白可以说浪漫到了骨子里。上仙山，采仙草，找仙人，炼仙丹，这些如今我们看来匪夷所思的事，占据了李白的大半生，结局注定是令人失望的。他上的山不过是现实中的山，采的草也是普通的草，所谓仙人，也只在梦里和想象中，而他亲手炼的仙丹，吃多了差点儿要了他的命。

李白的浪漫成就了他一身的仙气，他不切实际的行为成就了他奇妙瑰丽的诗风，让千百年来的中外人士，为之倾倒、着迷。比如下面两首诗，就充满了神仙气质：

问余何意栖碧山，笑而不答心自闲。
桃花流水窅然去，别有天地非人间。

——《山中问答》

两人对酌山花开，一杯一杯复一杯。
我醉欲眠卿且去，明朝有意抱琴来。

——《山中与幽人对酌》

有意思的是，在李白忙着领受道箓的时候，杜甫去拜见了李邕。还记得李邕吗？就是那个拒绝李白，又被李白写诗警告“丈夫未可轻年少”（《上李邕》）的李北海。此时，李邕已经六十多岁了。也许是性情相近，他对杜甫十分青睐。其实早在杜甫年少时他们就见过，并切磋过诗文。这次见面，李邕和杜甫又一次点评了当代诗人们的诗风和成绩，把酒言欢。不得不说，每个人的时运都不相同。

后来，李白回到了鲁郡（今山东兖州），杜甫随后也到了此地。二人在秋天重逢，杜甫写了一首诗送给李白：

秋来相顾尚飘蓬，未就丹砂愧葛洪。

痛饮狂歌空度日，飞扬跋扈为谁雄？

——《赠李白》

诗的意思是说，在这个萧瑟飘零的秋天，你我二人又相见，我们都像飞蓬一样四处飘荡。仙丹没炼成，真是愧对道教大师葛洪啊。你每天痛饮狂歌，虚度时日，这样整天飞扬跋扈，又是为谁逞能呢？

表面来看，杜甫似乎是在劝李白要安分，实则字里行间表达了对李白豪放不羁的赞叹，更是对李白怀才不遇的怜惜。作为朋友，李白也写了一首诗来回应杜甫：

饭颗山头逢杜甫，顶戴笠子日卓午。
借问别来太瘦生，总为从前作诗苦。

——《戏赠杜甫》

这首诗生动诙谐，表面来看是李白在拿杜甫打趣，说他为了写诗把自己搞得瘦骨嶙峋，实则不难看出李白对同样失意的知己的关爱之情。在两个人你来我往的调侃中，可以看出他们有着不一样的人生理想和追求。李白在政治道路受阻之后，选择了求仙问道，希望从世俗生活中解脱出来，过上无忧无虑的仙人一般的生活。而杜甫一生却执着地追求政治理想，希望能有机会报效国家。

杜甫又陪李白一起去访问道士董炼师和元丹丘，他们“醉眠秋共被，携手日同行”（《与李十二白同寻范十隐居》）——白天携手同行，晚上同被共眠，感情又进一步加深了。感情再深，终须一别，毕竟杜甫还没有经历过李白在长安所经历的挫败，他要继续上路谋求自己的政治前程——对古代的读书人来说，这也是唯一的前程。李白在鲁郡东石门送杜甫离开后，写下了这样一首诗：

醉别复几日，登临遍池台。
何时石门路，重有金樽开？
秋波落泗水，海色明徂徕。
飞蓬各自远，且尽手中杯。

——《鲁郡东石门送杜二甫》

此刻的李白和杜甫都还不知道，他们这一别竟是永诀了。后来，他们再也没有见过面。干了手中的这杯酒后，就“飞蓬各自远”了。

二人分开之后，杜甫写过多首诗表达对李白的想念，据统计有二十首左右，而现存的李白写给杜甫的诗则只有四首。但我们不能以诗的数量来评估他们谁对谁的感情更深，很可能李白也写了大量关于杜甫的诗，只不过没有留存下来，再就是每个人表达情感的方式也不尽相同。

尽管今天在我们心中李白是才华横溢、潇洒自在的诗仙，但在李白生活的年代，他的才华并不是人人都认可的，他的性格也不是人人都喜欢的。杜甫曾经写诗说："冠盖满京华，斯人独憔悴。"（《梦李白二首》〔其二〕）意思是说整个长安当官的人无数，唯独李白一人不得志，容颜憔悴。还说"世人皆欲杀，吾意独怜才。"（《不见》）意思是，这个世上的人都不喜欢李白，都希望他死，只有我爱惜他的才华。杜甫确实是李白的知音，他评价李白写诗写得惊天地泣鬼神——"笔落惊风雨，诗成泣鬼神。"（《寄李十二白二十韵》）杜甫还用最简洁的语言概括了李白的一生——"敏捷诗千首，飘零酒一杯。"（《不见》）

人生得一知己足矣！杜甫正是李白的一位知己。

第八章

云游四海，诗歌抒怀

和杜甫分别之后，李白继续他的漫游生活。时间转眼来到754年，李白此刻已经身在秋浦。秋浦（今属安徽池州）是唐代的一个县，因为境内有秋浦水而得名。据说李白一生到过秋浦三次，每次到秋浦，都会留下诗篇。这一次，他写下了《秋浦歌》十七首。这时的李白离开长安已经有十年左右了。

十年之间，他云游天下，天南海北，痛饮狂歌。但这种畅快与他第一次漫游时的感觉已不一样了。此时的他，已经看过了朝廷的繁花似锦，也被卷入过权谋的黑暗漩涡，再游秋浦，心情难免低落。

再加上他在752年北游幽蓟时，目睹过安禄山势力的逐渐壮大，意识到盛唐有了衰颓的倾向。李白的嗅觉足够敏锐，事实上，此时距离安史之乱的爆发只差三年了。胸中垒块凝结已久，万千愁绪纷至沓来，唯有诗歌可以代为抒发。《秋浦歌》十七首中的第十五首便是李白当时内心愁苦的充分表达：

白发三千丈，缘愁似个长。

不知明镜里，何处得秋霜。

背诗时间到

秋浦歌（其十五）

〔唐〕李白

白发/三千丈，缘愁/似个长。

不知/明镜里，何处/得秋霜。

这首诗第一句就很夸张，“白发三千丈”，这简直难以想象。还记得李白怎么写庐山瀑布的吗？对，“飞流直下三千尺”。一个是三千丈，一个是三千尺，我们来算算，哪个更长。

1 丈= 10 尺

3000 丈= 30000 尺

所以这首诗里的白发是庐山瀑布的 10 倍长。

为什么白发长得这么夸张？李白真的是在写白

发吗？

诗的第二句告诉了我们答案：“缘愁似个长”。原来李白不是在写白发，而是在写他心中的愁绪。人们常说，愁啊愁，愁白了头。李白的愁，不仅白了头，而且愁不断增长，使得白发有三千丈那样长。如此夸张的想象，也就李白会有吧！

接着看诗的后两句：“不知明镜里，何处得秋霜。”

李白是怎么看到白发三千丈的呢？原来他一直在照镜子，镜子里的自己满头长长的白发，他有点儿恍惚了：咦，镜子里哪来的秋霜呢？此时，李白又把白发比喻成秋霜，并且明知故问地说了一句“何处得秋霜”。其实他心知肚明，知道自己是愁白了头，而且这个愁与他对国家未来的担忧密不可分，同时也为自己没有实现政治理想而倍感愁苦。五十多岁的李白，壮志未酬，揽镜自照，愁上心头。

愁，是一个抽象概念，它没有形状，没有气味，没有颜色，但李白把愁寄托在白发上，将其比喻成秋霜，化抽象为具体，巧妙地让人感知到他愁绪的深重。

李白对社会的忧虑有时以《秋浦歌》这样壮怀激烈的方式表述，有时又以含蓄、委婉的方式表达。安史之乱前，他还写了一首《古朗月行》，借月抒怀。

诗的前半部分写得非常有童趣，是以孩子的眼光看月亮的：

小时不识月，呼作白玉盘。
又疑瑶台镜，飞在青云端。
仙人垂两足，桂树何团团。
白兔捣药成，问言与谁餐？

小时候不认识月亮，指着月亮说："瞧！又大又亮的白玉盘。不对，那或许是瑶台的一面仙镜，飞在青云之上。咦，好像又有仙人坐在上面，垂着双脚，旁边有一棵桂树，树冠圆圆的真好看。听说月亮上还有一只白兔，天天拿着玉杵捣药，那么，它捣成的药，给谁吃了呢？"

诗的后半部分一改前面的童言童语，将成年人对现实的忧虑、悲观、失望写了出来：

蟾蜍蚀圆影，大明夜已残。
羿昔落九乌，天人清且安。
阴精此沦惑，去去不足观。
忧来其如何？凄怆摧心肝。

啊，蟾蜍把圆圆的月亮啃得残缺不全了，本来明亮的夜空也变得晦暗不明了。后羿当初射下了九个太阳，天上人间才得到了清明安宁。月亮已经沦落迷惑，没什么可看的了，不如远远地走开吧。忧虑来了能怎么办呢？凄凉悲怆让我肝肠寸断啊。

这后几句诗用了蟾蜍的故事，还有后羿射日的故事。一方面，后羿射日为天上和人间解决了难题，另一方面，蟾蜍的出现让原来又圆又亮的月亮变得残缺且晦暗不明。此情此景，不禁让李白联想到奸臣当道、唐王朝危机四伏的现实情况，于是忧从中来，不可断绝。

从《秋浦歌》和《古朗月行》可以看出，成为道士的李白并没有超脱尘世，依然对国家的现实与处境

十分忧心。在漫游途中，除了忧思愤懑之外，幸亏有一些能和李白相谈甚欢的友人来排遣忧愤，汪伦就是其中一个。李白还专门写过一首《赠汪伦》：

李白乘舟将欲行，忽闻岸上踏歌声。
桃花潭水深千尺，不及汪伦送我情。

这首诗太有名了，为此，古往今来很多人对汪伦这个人产生了好奇。汪伦到底是谁呢？他是什么身份？和李白有过什么来往？为什么李白在诗里表达了那么深厚的情感？

大部分人认为，汪伦是李白在泾县（今属安徽宣城）漫游时遇到的一个普通村民，知道李白爱喝酒，于是经常把自己家酿的新酒送给李白。李白从桃花潭离开的时候，汪伦来为李白送行，他用双手双脚打着节拍，边走边唱着歌送他远去，李白被汪伦的淳朴和热情打动，留下了这一首《赠汪伦》。也有人认为，汪伦并不是普通村民，而是当地的名士，和李白、王维的关系都很好，经常和这两位诗人互赠诗文。据说

他还做过泾县的县令，任期满了之后就辞官住在泾县的桃花潭。

无论哪种说法，我们都能从诗里看出汪伦是个真性情的人，他送别李白的方式非常特别，这份天真率直的情谊，足以让李白铭记于心。

背诗时间到

赠汪伦

〔唐〕李白

李白/乘舟/将欲行，忽闻/岸上/踏歌声。

桃花/潭水/深千尺，不及/汪伦/送我情。

这是一首送别诗，前面我们还学习过李白的一首送别诗，你还记得吗？

故人西辞黄鹤楼，烟花三月下扬州。

孤帆远影碧空尽，惟见长江天际流。

——《黄鹤楼送孟浩然之广陵》

这首《黄鹤楼送孟浩然之广陵》写的是李白送孟浩然，我们当时用“故事记忆法”背诵了这首诗。《赠汪伦》也是一首送别诗，只不过是汪伦送李白，写诗的也是李白，但我们同样可以用“故事记忆法”来背诵这首诗。

所谓故事记忆法就是把要背诵内容中的人物、时间、地点、事件这四个要素记住，基本上就能记住全部内容了。《赠汪伦》这首诗涉及的人物是李白和汪伦，时间呢，诗里没有提，地点是桃花潭，事件是李白正要乘船离开，忽然听到岸上传来了踏歌的声音，仔细一看，原来是汪伦来送他了。人物、时间、地点、事件都梳理清晰之后，这首诗还有一种“情”需要记住，那就是汪伦对李白的送别之情，这个情，在李白看来比桃花潭的水还要深。

请你尝试用故事记忆法来背诵这首诗吧！

第九章

劫后余生，繁华落尽

755年，安史之乱爆发，此时的李白五十五岁了。其实他在诗中早有预言:“君失臣兮龙为鱼，权归臣兮鼠变虎。”(《远离别》)他目睹了唐玄宗纵情享乐、不理朝政，又深知大权已经落在李林甫手中，另外还有杨国忠对皇权虎视眈眈。后来，李林甫为确保自己大权在握，培植了安禄山，让安禄山与杨国忠作对。李林甫死后，安禄山以讨伐杨国忠之名起兵叛乱，终于酿成了长达八年的安史之乱。

唐玄宗在位时，唐王朝为巩固自己的领地，多次征战边疆，并在边疆地区设置节度使，确保中原不被进犯。安禄山骁勇善战，用赫赫战功取得了唐玄宗的信任，身兼三镇节度使。再加上他巧言令色，十分善于讨好唐玄宗和杨贵妃，因此深受宠爱。据说这个300多斤重的大胖子擅长跳胡旋舞，转起圈圈来轻快极了，一转就是一百多圈。爱好文艺的唐玄宗因此更加喜欢这个灵活的胖子了。安禄山还请杨贵妃认其为义子，杨贵妃竟然答应了，要知道当时的安禄山已经45岁，杨贵妃才29岁。最荒唐的是，杨贵妃还亲自为安禄山这个45岁的义子举办了“洗儿”仪式，给大胖子脱光光，洗净净，由宫女们抬着在宫殿中转圈，欢庆这个“新生儿”的降临……当时统治阶级的荒淫无度由此可见。

随着地位的不断高升，安禄山越来越膨胀，逐渐有了谋反之心。756年，安禄山趁中央兵力不足，带兵攻进了长安，唐玄宗无力抵抗，仓皇向四川逃去，同行的还有杨贵妃和宰相杨国忠。逃到马嵬驿（位于今陕西兴平）时，护送他们逃亡的将士们疲惫不堪，饥饿难耐，心里的愤怒再也压不住了。他们斩杀了杨国忠，又逼唐玄宗赐死了杨贵妃。这就是历史上著名的马嵬驿之变。

这时的李白在哪里呢？看到社会动荡，李白带着家人南下避难，最终找了一个相对安宁的地方——庐山，躲了起来。

与此同时，逃亡蜀地的唐玄宗为稳定局势，对

几个皇子做出任命，其中就有他的第十六个儿子永王李璘，玄宗令其出镇江南。永王沿长江行军，到达庐山的时候，派人请李白出山去做参谋。在爱国情怀的推动下，李白参与了他人生中一场重大政治活动，虽然持续的时间很短，但影响了他晚年的命运。

在马嵬驿与唐玄宗分道扬镳的太子李亨，到达西北灵武（今属宁夏）后，被手下推举顺势登基，即唐肃宗。唐玄宗被迫退居二线，当上了太上皇。可是肃宗担心永王李璘在江南站稳脚跟后和自己争夺天下，于是命令永王回四川，永王不听。

就在永王忙着巩固势力的时候，唐肃宗收复了长安，获得了绝对的统治权，紧接着开始清理“不听话”的永王。巧合的是，曾经和李白一起游猎的好友高适，此时正在唐肃宗阵营担任淮南节度使。曾经并肩同行的友人，如今却成了“敌人”。

在唐肃宗和永王的对决中，永王没什么作战经验，双方交战还没开始，就有士兵开始逃窜。而唐肃宗的军队一路追击，最后永王在溃逃中被杀。而追随永王

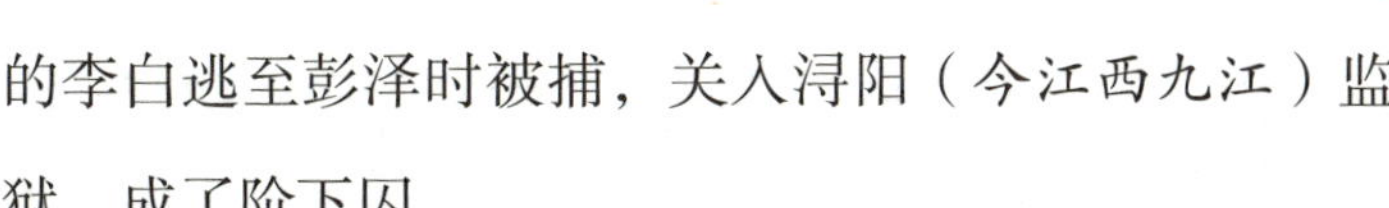

的李白逃至彭泽时被捕，关入浔阳（今江西九江）监狱，成了阶下囚。

758年，幸免一死的李白被流放夜郎，也就是现在的贵州遵义一带。当时的夜郎只是一个偏远小县，条件之艰苦可想而知。没想到，就在李白前往夜郎的途中，突然收到了大赦天下的消息。此时的他已经走到了白帝城（位于今重庆奉节），得到消息后立马调转船头，朝江陵（今湖北江陵）去了。这时的李白已经是一位五十九岁的老人了，劫后余生的他激动地写下了脍炙人口的名篇《早发白帝城》：

朝辞白帝彩云间，千里江陵一日还。
两岸猿声啼不住，轻舟已过万重山。

早发白帝城

〔唐〕李白

朝辞/白帝/彩云间，千里/江陵/一日还。
两岸/猿声/啼不住，轻舟/已过/万重山。

清晨辞别了高耸入云的白帝城，只用一天的时间就到了远在千里之外的江陵。两岸的猿声不绝于耳，不知不觉中，轻快的小船已经穿过了重重大山。

有人质疑李白在这首诗里对船的行进速度做了夸张，说恐怕乘坐的不是小舟，而是火箭。那么，李白到底是不是夸张呢？

北魏时期的地理学家郦道元在他的《水经注》里说过："有时朝发白帝，暮到江陵，其间千二百里，虽乘奔御风，不以疾也。"意思是说，有时候，清晨从白帝城出发，晚上就到江陵了，这中间有一千二百里的路程，就算骑着飞奔的马，驾着疾风，也比不上这

个速度。由此看来，“千里江陵一日还”并没有夸张。当然，诗里传达出的速度感，更多地来自李白被赦免之后快意自在的心情。

背诵这首诗，我们采用“关键词记忆法”，也就是说，只要抓住形容从始发站到终点站飞速抵达的关键词进行背诵就行了。比如距离极远——千里江陵，但所用时间极短—— 一日还，再比如交通工具是轻便快捷的——轻舟，一眨眼的工夫就经过了极其复杂的路段——已过万重山。这一路上有美景相伴——白帝城的彩云，还有两岸的猿不停啼叫，仿佛也为李白被赦免而庆祝呢！记住这些关键词，还原出当时的情境，就很容易背会而且不容易遗忘。

李白回到江陵之后，喜悦的心情溢于言表。他和朋友夏十二,一起登岳阳楼，开心得简直要上天了。他毫不掩饰地把自己的愉悦一股脑儿写在了诗里:

楼观岳阳尽，川迥洞庭开。

雁引愁心去，山衔好月来。

云间连下榻，天上接行杯。

醉后凉风起，吹人舞袖回。

——《与夏十二登岳阳楼》

诗里说的“愁心”就是被流放之后的愁苦的心情，这个愁心被大雁带走了，换了一轮好月来，心情也为之一开。

李白和夏十二住在岳阳楼上，又是喝酒，又是跳舞，两个人都飘飘欲仙，仿佛睡在云朵里，高兴得上了天。这时候，对李白来说，政治理想和求仙学道都是次要的了，最重要的是他保住了性命，“逃脱”了被流放的噩运，有惊无险。

很多人会对李白有误会，认为他是一个爱热闹、从不孤独的人，实际上，李白有着很强的孤独感。时隔多年，李白再次来到宣城，这不知道是他第几次到这里了。以前总有朋友迎来送往，把酒言欢。这一次，李白迈着已显老态的步伐，爬上敬亭山，坐在山间，繁华落尽后的孤独落寞袭上心头，于是有了这首《独坐敬亭山》：

众鸟高飞尽，孤云独去闲。
相看两不厌，只有敬亭山。

鸟儿们都高高地飞远了，天上的一片云彩也独自离开，躲清闲去了。只有敬亭山和我两个之间，你看着我，我看着你，怎么看都不厌倦。

回首往昔，他见过盛唐最繁华、烂漫的景象。他与盛唐统治者唐玄宗有过紧密联系；他与当时最好的诗人孟浩然和以后最好的诗人杜甫都交了朋友；他还结交了元丹丘这样的道教中人，与他成了一生的挚友。他纵酒狂歌，口吐华章，浓墨重彩地铺陈过大唐的锦绣江山。此时的李白，独坐敬亭山，心里会升腾出哪些感慨呢？一切尽在不言中了，相看两不厌，只有敬亭山。

这一次的孤独与他“月下独酌”时的孤独很不一样，他已经无力去举杯邀月，也不再顾影自怜、醉后独舞，他只是静静地坐在敬亭山上，任由“众鸟高飞尽，孤云独去闲”，他安稳地与敬亭山“相看两不厌”。

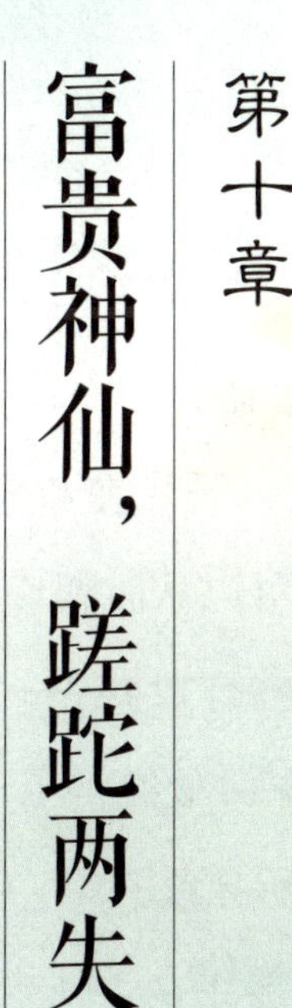

第十章 富贵神仙，蹉跎两失

762年，大诗人李白离开了这个世界。他是在流浪到安徽当涂，居住在叔叔李阳冰那里的时候病死的，具体病因可以从唐朝诗人皮日休的《七爱诗·李翰林》中找到些许根据——“竟遭腐胁疾，醉魄归八极”。大概是李白最终得了慢性脓胸穿孔，这很可能是他过度饮酒所导致的。

李白死后两年多，他去世的消息还未传到朝廷。764年，唐代宗宣李白入朝，准备授予他左拾遗的官职。这个官职虽然没有实权，但地位很高，主要负责指出皇帝做人做事方面的不当之处。可惜，宣李白入朝的圣旨到达安徽当涂的时候，李白早已经不在人世了。

严格地说，李白一生追求的两个人生理想都没有实现，在《长歌行》中，他感叹：“富贵与神仙，蹉跎成两失。”他承认了自己的失败，但他对理想的执着追求却激励了很多人。

当我们不自信时，李白的诗会激励我们：

天生我材必有用，千金散尽还复来。（《将进酒》）

大鹏一日同风起，扶摇直上九万里。（《上李邕》）

当我们遇到挫折时，李白的诗会给我们加油打气：

长风破浪会有时，直挂云帆济沧海。（《行路难》〔其一〕）

仰天大笑出门去，我辈岂是蓬蒿人。（《南陵别儿童入京》）

当我们觉得不被人理解时，李白是最好的知己：

孤灯不明思欲绝，卷帷望月空长叹。（《长相思》〔其一〕）

终然独不见，流泪空自知。（《独不见》）

…… ……

关于他的死，还有一些浪漫的传说。有人说他骑着一条鲸鱼走了，还有人说他是酒后看到湖里月亮的倒影，下水去捞月亮，结果溺水身亡。捞月亮而死的浪漫说法，其实是人们对李白仙风道骨的一种善意理解，毕竟生来不俗的李白，死也要有浪漫色彩。

李白去世很多年后，其生前好友范伦之子范传正来到当涂，他很崇拜李白，于是费心找到了李白墓。我们很难想象，生前爱热闹的李白，死后却寂寞万分，甚至没有人在意他埋在哪里。

范传正此行还做了一件事——寻找李白的后人。他找了三年，终于找到了李白的两个孙女，她们已嫁给了当地的农民。她们的父亲伯禽，也就是李白笔下“应驾小车骑白羊”的那个儿子，已经过世。她们本来还有一个哥哥，年轻时出游，现在不知所踪。

李白这一支血脉就到此为止了。这样一幅场景难免让人想起杜甫在《梦李白》里写的那两句诗：“千秋万岁名，寂寞身后事。”

世上，再无李白。

杜甫的故事

语文书里的大诗人

兰川 著

CNS | 湖南教育出版社
·长沙·

目录

引 子

猜猜看，这几幅画中的人物分别是谁？

答案：都是杜甫。

第一幅是宋末元初画家赵孟頫作的《杜甫像轴》，第二幅是现代人物画一代宗师蒋兆和作的《杜甫画像》，第三幅是创作于 1962 年的《杜甫诞生 1250 周年纪念画像》。

没想到吧？不同画家笔下的杜甫，除了性别，似乎没有明显的共同点。这是为什么呢？因为没有人知

道杜甫究竟长什么样子，和他同时代的人从没做过关于他相貌方面的记录，他自己也从未对自己的长相做过描述，这就让后代画家太为难了，要给杜甫画像，只能靠想象。其中蒋兆和先生实在找不到史料，不知该怎么画的时候，想到了自己同样坎坷的人生经历，突发灵感，便以自己为原型创作了一幅杜甫画像。

尽管我们不知道杜甫到底长什么样，在中国文学史上他却是一个非常重要的人物。他被后世尊称为“诗圣”，曾写下数以千计的伟大诗篇。他是唐朝由盛转衰重要历史阶段的亲历者、见证者和记录者，他的诗篇被称为“诗史”。

和李白在世的时候就有无数崇拜者不同，杜甫活着的时候不被重视，在死后却名满天下。如今我们说到唐代诗人，往往将李白和杜甫以“李杜”并称。那杜甫是怎样一步步成为家喻户晓的伟大诗人的呢？下面就让我们一起翻开杜甫档案，看看他到底有着怎样的人生旅程。

第一章

意气风发，少年得意

杜甫，生于712年，他出生的时候，李白已经12岁了。在四川昌隆县青莲乡读书学剑的小李白，并不知道一位姓杜名甫的小朋友，此时在河南巩县（今河南巩义）呱呱坠地了。

“甫”是古人对男子的美称。古人除了“名”，还要有“字”，“字”和“名”一般有着密不可分的相关性，杜甫的字就叫“子美”，所以你也可以叫他杜子美，这个美好的名字寄托了家里人对他的期待。

杜甫的家境相当不错，不像李白，是身世不明的外来人口。杜甫对自己的家庭出身非常得意，他常常跟别人说起自己十三世远祖杜预和爷爷杜审言是多么厉害的大人物。这还真不是他吹牛，他的远祖杜预确实是个文武双全的大人物，他为《左传》做的注本非常权威。

杜甫的爷爷杜审言是唐朝初期的著名诗人，和同时代的李峤、崔融、苏味道并称“文章四友”。这位

厉害的爷爷为杜甫在诗歌创作上树立了榜样。

那么，杜甫的父亲是什么情况呢？比起杜预和杜审言，杜甫的父亲杜闲就逊色多了。杜甫出生的时候，杜闲三十出头，是奉天（今陕西乾县）县令。杜甫的母亲也出身名门，可惜在杜甫出生后没多久就去世了。嫁于河东裴氏的姑姑可怜杜甫没人照看，就把他接到自己家中抚养。

姑姑对幼年丧母的杜甫非常疼爱。杜甫给姑姑写下的墓志铭《唐故万年县君京兆杜氏墓碑》中提到，当年他住在姑姑家时，杜甫和姑姑的儿子同时生病了，姑姑精心照料两个孩子却总不见好，于是请来了女巫。女巫说，要想治好病就得把孩子放在门楹东南角睡下。可这个位置原本是自己孩子住的地方，姑姑为了保住杜甫，就把杜甫和自己的儿子换了位置。结果，杜甫病好了，姑姑的儿子却不幸夭亡。姑姑无私的爱让杜甫十分感动。这是杜甫儿时一段不同寻常的经历。

转眼，杜甫七岁了，到了该接受正规教育的年纪。在杜甫的自传性叙事诗《壮游》中，杜甫说自己

“七龄思即壮，开口咏凤凰”。不得了，小小年纪就才思敏捷，志存高远，一开口吟咏赞美的就是神鸟凤凰。杜甫的本事可不止这一个，他“九龄书大字，有作成一囊”。小小年纪不仅写诗立意高远，书法还相当不错，练的大字一袋一袋的。

随着年龄增长，杜甫的实力逐渐得到了“官方”认可:“往昔十四五，出游翰墨场。斯文崔魏徒，以我似班扬。”说的是，“我”十四五岁的时候，就进入文学界了。和当时的名士崔尚、魏启心一起交游，他俩说“我”的才华可与汉代的班固和扬雄相媲美。渐渐地，杜甫和这些风流名士的关系越来越好，一起推杯换盏，切磋诗文，杜甫有一些飘飘然，把一般人都不放在眼里了——“饮酣视八极，俗物都茫茫”。

在诗才得到权威人士肯定的同时，杜甫在艺术方面也大开眼界。六岁时，一次偶然的机会，他目睹了红极一时的公孙大娘表演剑器浑脱舞。这是一种怎样的舞蹈呢？据说它同时融合了“剑器舞”和“泼寒胡戏”，两种舞蹈都是胡商通过丝绸之路带到中原的。

在表演剑器舞时，舞者身着戎装，手持兵器（一般是剑），随着音乐起舞，展现舞者的英姿飒爽。泼寒胡戏的表演听上去似乎很疯狂，表演者要在寒冬腊月，赤身裸体，击鼓唱歌，还会互相追逐泼水。这似乎不怎么像舞蹈表演，但就是这种非常原生态的舞蹈，在民间十分流行。后来，大臣们多次向朝廷反映，这种大冬天脱了衣服跳的舞有伤风化，请求禁绝。于是，开元元年冬天，唐玄宗下令禁断泼寒胡戏，取而代之的是升级版的“浑脱舞”。

那么，六岁的杜甫看到的公孙大娘的舞蹈又是什么样的呢？其实，公孙大娘的舞蹈是剑器舞和浑脱舞的结合，叫剑器浑脱，表演者也要身着戎装，手执剑器，还要把浑脱舞的舞姿融入进来，达到一种刚柔并济的艺术效果。

我们可以想象，六岁的杜甫挤在人群中探头探脑，终于到达前排，仰着脖子目不转睛地望着正在跳舞的公孙大娘，只见她相貌俊秀，一身戎装，手持双剑，左右开合，舞得酣畅淋漓，游刃有余。这精彩的一幕深深印在了小杜甫的脑海，五十年后，双鬓已白

的杜甫看到公孙大娘的弟子表演剑器浑脱的时候，他仿佛坐上时光机回到了六岁那年，情不自禁地写下了一首诗，叫《观公孙大娘弟子舞剑器行》：

昔有佳人公孙氏，一舞剑器动四方。
观者如山色沮丧，天地为之久低昂。

意思是，从前有个漂亮女人，名叫公孙大娘，她一跳剑器浑脱舞，就能轰动四方，来看她跳舞的观众人山人海。她舞起剑来英姿勃发，观众能感受到剑气逼人，吓得脸色大变，感觉天旋地转。公孙大娘舞剑不只感染了杜甫一人，据说草书大家张旭看过公孙大娘舞剑后，从此书法大有长进，更加豪放洒脱、放荡不羁了。

见识了一流舞者的舞姿后，少年杜甫还在岐王李范和秘书监崔涤的宅子里多次欣赏了当红流行歌手李龟年的表演。没错，李龟年就是那个给唐玄宗唱过歌，让李白给他写过歌词的人。杜甫晚年在湖南长沙（当时叫潭州）再次见到李龟年时，禁不住写下了著

名的诗歌《江南逢李龟年》：

岐王宅里寻常见，崔九堂前几度闻。
正是江南好风景，落花时节又逢君。

进入了文坛，看过了公孙大娘的舞，听过了李龟年的歌，文艺少年杜甫自然和同龄的小伙伴玩不到一起了，就像他自己说的，“脱略小时辈，结交皆老苍”。他结交的都是些上了岁数、有一定地位和见识的成年人。不过，另一方面来说，杜甫还保留着孩子气的一面，甚至在某些方面还格外幼稚。他在诗中曾说自己“忆年十五心尚孩，健如黄犊走复来。庭前八月梨枣熟，一日上树能千回。”（《百忧集行》）十五岁了还像个小牛犊一样，成天跑来跑去；等到八月，院子里的水果成熟的时候，一天之内光爬树就不知道有多少回！这里的“一日上树能千回”是一种夸张手法，足见这位少年身形矫捷，活泼好动。

少年杜甫既有和同龄人一样童真的一面，又有超越同龄人的才华和见识。他对自己也充满了信心，相

信自己必然会有一番作为，不仅会作诗，而且还要走上仕途，封官加爵，参与到国家大事中。

第二章

裘马清狂，壮游四方

漫游，是那个时代的风气。诗仙李白就是其中的典型代表，十几岁便立下誓言要“仗剑去国，辞亲远游”。杜甫在这方面一点儿也不输李白，730年，洛阳的一场大水提醒了杜甫：到了该出发的时候了。第二年，他乘船经广济渠、淮水，渡江到达江宁（今江苏南京），稍事休息后便即刻前往吴越一带。

吴越，大体上是现在的江苏、浙江、江西、上海、安徽等部分地区，之所以叫吴越，是因为春秋时期吴国和越国在那里。吴越一带风景如画不说，还美女如云，这都给了在北方长大的杜甫审美上极大的满足，他在诗中写道：“越女天下白，鉴湖五月凉。剡溪蕴秀异，欲罢不能忘。”（《壮游》）

就这样，在吴越漫游了四年之久，应该知足了吧，可杜甫却不这样认为，他觉得自己漫游的广度还远远不够，后来回忆起来，还忍不住发牢骚：“到今有遗恨，不得穷扶桑。”（《壮游》）——啊，“我”现

在还是感到遗憾啊，当年没有到扶桑去看个遍哪！扶桑是哪里？扶桑原本不是地名，而是我国古代神话中的一种树，生长在日出的地方。后来，古人称现在的日本为扶桑，因为日本在我国的东面，太阳从那里生起，扶桑也应该长在那里。因而有人推测，杜甫的遗憾也许是：我咋就没去日本好好玩玩儿呢？

杜甫的吴越之旅结束于735年，此时他已经二十四岁了，是该收收心了。他离开吴越，坐上了“公车”去洛阳参加进士考试去了。这里说的“公车”可不是指公共汽车，而是指官车。需要说明的是，可不是随便什么人都能坐“公车”，必须是各地学馆（类似现在的学校）推荐的学生，或者由乡里保送、州县选拔出来的人才有资格。杜甫凭什么上车呢？因为他是由州县选拔出来的人才。这充分说明，杜甫小时候的诗没白写，字没白练，文化社交活动没白参加，再加上杜家世代都有人在朝为官，而且出过杜预、杜审言这样的名臣，选拔的时候，自然不能把杜甫落下。由于种种原因吧，我们的杜甫“上车”啦！

一般人面对这种两三千人一同参加的大型考试，

或多或少都会紧张，心里会不由得打鼓："我能被录取吗？"可杜甫不是一般人，他相当自信，毕竟是被名士称赞过可以媲美大文豪班固、扬雄的人，怎么会怯场呢？于是他胸有成竹，在考卷上挥毫泼墨，志在必得。

不久后，考试的录取榜单下来了。一般来说，进士考试的上榜概率是百分之一，就是说，如果有一百个人参加考试，能考中的只有一个。当时全国考生人数一般是两三千，这意味着，能上榜的只有二三十人。

杜甫会是这二三十人中的一个吗？

他从榜单最上方开始寻找自己的大名：

第一名，不是；

第二名，不是；

第三名，不是；

第四、第五……第二十名，都不是……

就在杜甫从榜单上极力寻找自己名字的时候，他看到了贾至的名字，就是那个写过"东风不为吹愁去，春日偏能惹恨长"的诗人；还看到了李颀的名

字——那个擅长写边塞诗的诗人，写过“行人刁斗风沙暗，公主琵琶幽怨多”的名句；还有萧颖士、李华等后来在历史上都留下了姓名的人，唯独没看到“杜甫”。

他失落吗？或许有吧。但我们相信落榜所带来的失落和苦闷并没有在杜甫心中持续太久，毕竟他还年轻，还有大好年华和大把机会。想必，他也是这么想的。于是，这个心怀激情与梦想的青年在落榜的第二年又踏上了漫游之旅。这一次，他去的不是吴越，而是齐赵一带，也就是现在的山东和河北。他用一句诗概括了这段漫游——“放荡齐赵间，裘马颇清狂。”(《壮游》)从这两句诗可以看出，这次漫游充满了年轻人的意气风发。

和吴越的绿水青山不同，齐赵的特色是雄浑、磅礴。最能感染杜甫的无疑是山东，那里是儒家学派创始人孔子的故乡。杜家世世代代奉儒守官，最信奉的就是儒家思想。这一次，年轻的杜甫站在孔夫子曾经生活过的土地上，感慨万千。当杜甫决心攀登泰山时，孔子的面容又在他脑海闪现，孔子也曾登顶泰

山，放眼四望，整个天下尽收眼底。杜甫也要上去一望究竟。

泰山是五岳之一，虽然不是最高、最险的，但名声却最大，被称为五岳之首，因此也叫岱宗。在所有赞美泰山的诗词中，最有名的正是杜甫的这首《望岳》：

岱宗夫如何？齐鲁青未了。
造化钟神秀，阴阳割昏晓。
荡胸生层云，决眦入归鸟。
会当凌绝顶，一览众山小。

泰山啊泰山，早就听闻你的大名，你究竟是怎样的呢？是否和传闻中一样雄伟壮丽呢？今日一见，果然名不虚传。你横亘在齐鲁的交界，一派青翠望不见尽头。大自然是多么神奇，它对你泰山简直是情有独钟，鬼斧神工地把你创造得这样壮美！不得不说，你真的是太高了，每天太阳升起的时候，生活在山这一面的人已经看到了太阳，而生活在山那一面的人，还

处在黑暗当中。在我攀登的过程中，层层白云好像在我胸中飘荡，使我的胸襟为之一开。我睁大眼睛，目送那些在山间盘旋的飞鸟离开我的视线，回到山林之中。我一定要登上顶峰，这样我就能“一览众山小”啦！

不得不说，从这首诗中，我们一点儿没看出杜甫是个落榜不久的失意考生，反而看到一个壮志凌云、胸怀天下的有志青年。我们的猜测应该是对的，这个时候的杜甫，依然是意气风发的大小伙子，四处漫游也不愁没钱花，毕竟他的爸爸杜闲还在工作养家，生活的压力还没有落在杜甫身上。所以这时候杜甫的日子过得不错，写出的诗也强劲有力，除了《望岳》，还有下面这首《房兵曹胡马诗》：

胡马大宛名，锋棱瘦骨成。
竹批双耳峻，风入四蹄轻。
所向无空阔，真堪托死生。
骁腾有如此，万里可横行。

说有一位姓房的朋友，担任“兵曹”一职，就是掌管军防、驿传等事务的小官。这位房兵曹有一匹来自大宛（古代西域国名，在今乌兹别克斯坦境内，盛产良马）的好马，这匹马有什么了不起呢？首先，它长得与众不同，先看它那精瘦的筋骨，就像刀锋一样；再看它那对耳朵，像是被刀斜着削过的竹片一样峭立；最不同凡响的是它的四个蹄子，轻快无比，踏风而行，绝尘而去，忽然而至。这匹大宛马呀，真是一匹好马，一往无前，万里横行，无论多远多坎坷的道路，都可以放心把生死托付给它。

这首诗表面上写的是这匹大宛马如何如何好，其实也让我们看到了这匹马背后的主人，他一定是一个善于驭马的勇士，在他的驾驭下，大宛马才能“骁腾有如此，万里可横行”。而我们的诗人杜甫在二十几岁的时候写下这首诗，托物言志，足见他豪情万丈，充满建功立业的雄心与抱负。

就这样，杜甫在齐赵各地春歌、冬猎、呼鹰、逐兽，裘马清狂，快意漫游，一晃就是五六年。

第三章

诗仙诗圣，日月相会

时间来到741年，杜甫已经三十岁了。孔子曾说："吾十有五而志于学，三十而立"，如果说十五岁的杜甫已经在作诗上初见才华，那么三十岁的杜甫离自立还有些距离。三十岁对他而言是一个不容再随意打发的年龄，他必须有所作为。于是，他决定在祖坟所在地——首阳山（位于今河南洛阳）下，开几间窑洞，在这里刻苦用功，等待下一次考试的来临。也是在这一时期，杜甫结婚了，妻子是司农少卿杨怡的女儿，据记载两个人感情一直很好。

守着远祖杜预和祖父杜审言的墓地，杜甫严格要求自己，"不敢忘本，不敢违仁"，杜家的"本"就是要学业有成，为官作宰，为国效力；不敢违背的"仁"就是儒家思想里要求君子恪守的"仁"。

杜甫这一番闭关修炼效果如何呢？要是没有遇见李白，效果应该不错。这时，李白出现了，杜甫的人生轨迹因此又有了一段时间的偏离。他们的相遇意义

重大，如闻一多先生所说，李白和杜甫的相遇是“青天里太阳和月亮走碰了头”，“我们四千年的历史里，除了孔子见老子，没有比这两人的会面更重大、更神圣、更可纪念”。究竟发生了什么呢？

744年的夏天，四十四岁的李白刚从长安被赐金放还，此时的他已是名满天下的大诗人，试问天下谁不知道李白的大名呢？他见过了大唐皇帝唐玄宗和他的爱妃杨玉环，不仅见过，还和他们把酒言欢、吟诗作赋；他见识了朝廷上最真实的钩心斗角、尔虞我诈……这时，他带着一颗疲惫的心离开政治旋涡的中心，回到阔别已久的自由世界。

而此时，三十三岁的杜甫，一切还没开始。他的诗才虽然得到了一些人的认可，但毕竟范围太小，影响力有限，比起李白的光芒万丈，现在的杜甫只能用暗淡无光来形容。此时的他正准备前往长安去实现他酝酿已久的政治抱负，让杜家风采在他身上得到延续和发扬。

然而，当他听说“李白来洛阳了”这个爆炸性新闻后，去长安实现政治抱负的打算便暂缓了，他急着

去一睹“酒后竞风采，三杯弄宝刀”的偶像李太白的风采。这一看不要紧，杜甫满脑子都是对李白大哥的崇拜，一拍脑门，决定追随李白去求仙访道。两个人相约去梁州、宋州一带采摘瑶草，也就是传说中的仙草。他们还北渡黄河，登王屋山，去寻访道士华盖君。可惜，华盖君的弟子告诉这两个跋山涉水、灰头土脸的膜拜者——华盖君已死。这个重磅消息犹如晴天霹雳，让李杜二人目瞪口呆——不是说修道的人可以长生不老吗？

万般无奈之下，他们只好在华盖君弟子的带领下，参观了华盖君生前修行炼丹的静室，也算是一种安慰。透过暗淡的光线，李杜二人看到屋里陈设简单，只有几个陶罐，几件衣物，十分冷清凄凉。此情此景刻在了杜甫脑海，多年以后，他回忆往事时写道：“秋山眼冷魂未归，仙赏心违泪交堕。”（《忆昔行》）

这一年秋天，李杜二人决定漫游梁宋。让他们感到惊喜的是，途中他们迎来了第三个小伙伴的加盟，此人名叫高适。你一定听过他的很多诗句，比如“莫

愁前路无知己，天下谁人不识君”，再比如“战士军前半死生，美人帐下犹歌舞”。

话说高适年轻时家境不好，但他没有自惭形秽，而是刻苦读书、练武，希望有朝一日能凭借文才武略改变命运。机会总是留给有准备的人，这句话在高适身上得到了印证，他最终成了唐代诗人中官职较高的一位。不过，他和李白、杜甫相遇的时候，还是个落魄潦倒的无业游民，而且已经四十四岁了。李杜当时也无法料到，眼前这个落魄之人，竟然后来会做高官。

一个是刚被朝廷放逐的失意者李白，一个是年过三十还没有任何工作经验的迷茫青年杜甫，一个是吃了上顿没下顿、风餐露宿的大龄待业中年高适，三个人一拍即合，决定一起去梁宋游玩。

三个人登高怀古，开怀畅饮，指点江山，激扬文字，虽功业未成，却不影响他们豪情万丈。但现实是残酷的，他们不可能永远这样任性，尤其是杜甫，此时的他还没有遭受生活的迎头痛击，心中的理想和热望依然强烈。他渐渐意识到，求仙访道是大哥李白

的生命主旋律，但对他杜甫而言，只不过是一段小小的插曲。他必须独自上路，继续为自己的人生理想努力。

李杜二人分别的时候，是在鲁郡的东石门，李白写下了这样的诗句：

醉别复几日，登临遍池台。
何时石门路，重有金樽开？
秋波落泗水，海色明徂徕。
飞蓬各自远，且尽手中杯。

——《鲁郡东石门送杜二甫》

干了杯中酒后，李杜二人各奔东西。杜甫按原计划到了长安，但他对李白的思念从冬到春，从夏到秋，他不断写诗回忆李白，有时赞美李白的诗才——“白也诗无敌，飘然思不群。”（《春日忆李白》）有时独坐书斋也会想起李白——“寂寞书斋里，终朝独尔思。”（《冬日有怀李白》）一片深情溢于言表。两位伟大诗人以诗为媒的相互吟咏，成就了一段历史佳话。

到这里，我们可以回顾一下杜甫的漫游生涯：

731 年—734 年（20 岁—23 岁）游吴越

736 年—740 年（25 岁—29 岁）游齐赵

744 年（33 岁）与李白、高适游梁宋

745 年（34 岁）与李白再游齐鲁

十五年的漫游，我们几乎要认为杜甫是个不务正业的人了。可是，他后面的人生告诉我们，没有比他更认真的人了。

第四章

困守长安，蹉跎十年

告别李白的第二年，也就是746年，35岁的杜甫打点行李，前往长安，那里有一场声势浩大的考试正等着他一雪前耻。这一次，非同小可，唐玄宗下诏：广求天下之士，到京师就选。杜甫十分肯定，他的机会来了。于是还没等开考的日子临近，他就背起行囊先行一步了。

他这么着急是为什么呢？原来，是要做考前热身。所谓考前热身不只是我们现在说的熟悉考场环境，更多的是提前制造影响力，在京城有权有势的大人物面前混个脸熟，让他们对“杜甫”这个名字留有良好且深刻的印象，这样一来，被选中的概率会大大增加。

那么，杜甫在长安都拜见了哪些大人物呢？首先是汝阳王李琎，他是唐玄宗的侄子，长相英俊，风流倜傥，精通音律，和同样热爱艺术的唐玄宗关系非常好。杜甫知道李琎文学修养十分了得，相信他一定能

慧眼识才，赏识自己，于是写了一首《赠特进汝阳王二十二韵》，献给李琎。诗的大致内容我们可以猜到，一方面恭维李琎如何德才兼备，另一方面作一番隆重的自我介绍，最后表达自己想要得到举荐的意愿，希望能得到成全。写得这么行云流水，不知是不是大哥李白曾经教过小弟杜甫怎么写求职信。李白在这方面可以说十分擅长，他写的《与韩荆州书》几乎称得上是求职信里的范文了。当然，还有一种可能，那就是当时的文人在这方面都很精通，形成了一种惯用的表达方式，此时急于找工作的杜甫也不能免俗。

除了汝阳王，杜甫还有一位亲密的朋友地位也十分显赫，名叫郑虔。郑虔的侄子郑潜曜娶了当时的一位公主，成了驸马。因为有郑虔的关系，杜甫便成了驸马家宴上的客人。

杜甫在长安的朋友，除了王公贵族，还有像王维、岑参这样的大诗人。丰富的社交活动开阔了杜甫的眼界，也让他切身体会到了繁花似锦的盛唐气象。大概就在这一年，他写了一首有些调侃意味的好诗，叫《饮中八仙歌》，诗中有八个嗜酒如命的人，也都

和杜甫有一定的交情。杜甫用他精妙的笔法，将这八个形态各异的酒中仙描述得栩栩如生：

知章骑马似乘船，眼花落井水底眠。
汝阳三斗始朝天，道逢麹车口流涎，
恨不移封向酒泉。
左相日兴费万钱，饮如长鲸吸百川，
衔杯乐圣称避贤。
宗之潇洒美少年，举觞白眼望青天，
皎如玉树临风前。
苏晋长斋绣佛前，醉中往往爱逃禅。
李白一斗诗百篇，长安市上酒家眠，
天子呼来不上船，自称臣是酒中仙。
张旭三杯草圣传，脱帽露顶王公前，
挥毫落纸如云烟。
焦遂五斗方卓然，高谈雄辩惊四筵。

诗中贺知章、汝阳王（李琎）、左相（李适之）、宗之（崔宗之）、苏晋、李白、张旭、焦遂，八位各

有名头的饮中仙依次登场。

首先是地位极高且年龄最长的老酒仙贺知章。对贺知章我们也不陌生，他的《咏柳》我们很多人耳熟能详：“碧玉妆成一树高，万条垂下绿丝绦。不知细叶谁裁出，二月春风似剪刀。”

可你大概不知道他在喝酒方面也十分了得吧，你看杜甫怎么写他——“知章骑马似乘船，眼花落井水底眠。”说贺知章骑马像乘船一样，左摇右晃，为什么呢？答案很显然，因为他这纯粹是“酒驾”。喝多了骑在马上左摇右晃，眼花看不清路，结果掉到了井底。更让人哭笑不得的是，他竟然在井底睡着了。

第二位就是杜甫到长安后结交过的汝阳王李琎，这一位也不甘示弱——“汝阳三斗始朝天，道逢麴车口流涎，恨不移封向酒泉。”说汝阳王三斗酒下肚才去朝见天子，路上遇见拉酒的车，口水就流下来了，恨不得求皇帝把自己的封地改为酒泉这个地方，相传那里“城下有金泉，泉味如酒，故名酒泉。”(《三秦记》）从这几句诗，我们不但看出了汝阳王对酒的酷爱，还看出了他和皇帝之间的亲密关系。

第三位出场的是谁呢？“左相日兴费万钱，饮如长鲸吸百川”，这里的左相指的是左丞相李适之。在杜甫的诗里，这位李适之是个名副其实的酒鬼，每天豪饮无度，一口一口喝是不可能的，必须是举起杯就一干到底，喝起酒来就像一头巨鲸，恨不得把百川之水全都喝进肚子里，名副其实的海量。你可能要问了，像这样一个酒鬼怎么能做宰相呢？问得好！其实，李适之并不是从一开始就这样“自甘堕落”的，他是在 742 年被任命为左丞相的，当时满腔热血的他想使大唐更加繁荣兴盛，可没想到的是，746 年，他因为奸臣李林甫的排挤而被罢免了丞相一职，改任太子少保，退到幕后做起了太子的老师。

说到这里，我们才了解了饮中八仙的三仙，剩下的五仙留给你去做一番调研，看看这些人都是什么来头，怎么就这么能喝呢。当然啦，这里还得强调一句：未成年人是不能饮酒的。

从杜甫在长安的“预热”活动中，我们不难看出，杜甫和很多历史上大名鼎鼎的人物都有过来往。不过，这些人虽然丰富了杜甫的生活，但对他的考试

并没有什么实质性的帮助。该来的还是来了：第二次考试的结果公布了，杜甫又落榜了。

失意考生杜甫，这次陷入了深深的自我怀疑：难道我就这么差劲？我杜甫好歹也在首阳山下闭关备考了很长时间，还和全国顶尖学者、作家探讨过文章大事，怎么就总是落榜呢？

真相比这还要残酷：杜甫啊杜甫，不是你不行，是你不幸，你不幸地赶上了一场政治阴谋。唐玄宗下诏组织的这场考试全在一个人的掌握之中，此人正是李林甫。当时他大权在握，几乎把皇帝架空。他嫉贤妒能，不想让比自己强的人出现在皇帝身边，害怕自己被取代，于是下令让各地方官员选拔人才时要比以前更加严格，简单说就是故意出些刁钻古怪的题来为难考生。有些考生虽然进了复试，但最终还是没能通过。于是一场考试下来，一个被选中的人都没有。而李林甫竟然恬不知耻地向皇上汇报说："恭喜皇上！贺喜皇上！举国上下没有遗漏的人才了，人才已经全都在您这儿了，这可是天大的好事儿啊！"

就这样，杜甫被排除在了贤人之外，多年的努力

付之东流。这次阴谋让杜甫意识到，要想实现理想，不能光靠才华和一腔热忱，还必须有好的时机。这样的时机，会有吗？二次落榜的考生杜甫决定自己给自己创造机会！

他在长安四处拜访达官显贵，希望得到他们的推荐。可杜甫也是要尊严的人，这样四处求人办事、逢人就点头哈腰的日子过得太辛酸，在给朋友的《奉赠韦左丞丈二十二韵》中，他这样形容自己在长安的生活："残杯与冷炙，到处潜悲辛。"不久后，父亲的去世让杜甫的处境雪上加霜，他不得不过着居无定所、寄人篱下的生活。"读书破万卷，下笔如有神"的才气终究抵挡不过"朝扣富儿门，暮随肥马尘"的现实，杜甫已没有了少年时的意气风发。

可生活还要继续。

第五章

命途多舛，河西授尉

750 年，杜甫 39 岁了，他决定直接给皇帝写信，做最后一搏。他调动起浑身的文学细胞写下了一篇《雕赋》。这是篇什么样的文章呢？简单说，是一篇写雕的文章。雕，是一种大鸟，现在是国家重点保护动物。而赋呢，是一种文体，就是用华丽的语言来把所写的对象细致地描摹一番。如果让你写一篇关于“雕”的作文，你会怎么写呢？不要急，杜甫为你打个样儿，他的《雕赋》可以说写得相当漂亮，先看开头这几句：

当九秋之凄清，见一鹗之直上。以雄才为己任，横杀气而独往。梢梢劲翮，肃肃逸响；杳不可追，俊无留赏。

这是先给大雕画了一个大概轮廓，说的是在深秋时节，一只大雕一飞冲天。它有雄才壮志，在寒秋里

破风翱翔，独来独往。强健的羽毛扑棱扑棱发出声响，瞬间就飞得不见了踪影，想要多看几眼它的俊丽容貌都不可能了。

不得不说，杜甫笔下的雕简直就是一只神雕啊。果然有才！

为了让皇帝赏识自己的才华，杜甫还同时写了一篇《进雕赋表》说明自己写这篇《雕赋》的意图。表，是一种文体。如果一个臣子想给皇帝“发私信”，就可以选择“表”这种文体。那么，杜甫发给皇帝的“私信”写得如何呢？用八个字形容就是“言辞恳切，令人动容”。大意如下：

皇帝在上，我是杜甫。我们杜氏家族从远祖开始就为朝廷效力，出现了杜预、杜审言这样文韬武略之人，而我，七岁就开始写诗，到现在已经积累了一千多篇诗歌。只可惜我一直没有得到一官半职，还过着衣不遮体、食不果腹的贫苦生活。陛下英明，垂怜我吧！我所写的诗文，虽然不至于好到没边儿，但那种沉郁顿挫的风格也不是谁都有的。我的作品，才思敏捷，堪与扬雄、枚皋这样的辞赋大家相媲美。像我

这样的臣子，陛下您舍得放弃吗？求陛下垂怜，不要让我一事无成、垂垂老去啊！杜甫我诚惶诚恐，给您磕头，再给您磕头，死罪死罪！我之所以给您献这篇《雕赋》，是因为我发现雕有英雄之姿，就像一个大臣该有的样子，所以写下来投进您的私人信箱，希望我这番不自量力的话能被您听到。

结果如何呢？

皇帝对杜甫的《雕赋》和《进雕赋表》无动于衷！

不是杜甫写得不够好，而是因为此时的唐玄宗心思根本不在文学上，也不在朝政上，而在求长生不老之术上。杜甫的良苦用心再一次遭到了暴击，但他依旧没有放弃给皇帝发私信。难道是我写得不够好吗？难道是我写的数量不够多吗？好，我就再写给你看！

就在第二年，也就是751年，杜甫改变了策略，为了引起皇帝的注意，他根据皇帝的行踪有针对性地写下了三篇大赋，投进了延恩匦——相当于皇帝的私人信箱。这三篇大赋写的是这一年正月皇帝在太清宫、太庙和南郊分别进行的三次重大祭祀活动。“国

之大事，在祀与戎”，祭祀和军事是一个国家最重要的两件大事，杜甫抓住了这一点，趁皇帝出席祭祀活动，写下这三篇大赋，对皇帝进行礼赞。他相信这三篇大赋会比去年献上的《雕赋》好用得多。

果然不出杜甫所料，皇帝看过之后，惊叹道:“杜甫是个奇才呀！”立刻命令宰相们专门出题来考察杜甫，看他究竟多有才，一旦通过考察，就可以安排他的职位。杜甫的机会终于来了！

只见杜甫坐在中书堂答题，才思敏捷，落笔成文，而宰相们和集贤院的学士们都像围观天才一样堵在中书堂门口看着杜甫答题。这简直就是杜甫人生的高光时刻，后来回忆这段往事的时候，杜甫仍然掩饰不住心里的骄傲:“集贤学士如堵墙，观我落笔中书堂。”(《莫相疑行》)

按理说，这次考察这么大的阵仗，杜甫也有真才实学，怎么也应该赐他一官半职了吧，杜甫也是这么想的，可惜我们的老杜真的运气不佳。考试结束后，他得到的反馈不是“明天来上班吧”，而是“在家等通知吧”。他只是被登记在了官员的候补名单中，至

于什么时候能上岗就是未知数了。

大龄待业青年杜甫的高光时刻消失了，接下来还能怎么办呢？等吧。时间一分一秒都是煎熬，梦中无数次拿到工作邀请函，醒来还是无业游民一个。

不过，杜甫毕竟和普通无业游民不一样，他的伟大之处在于，他用心体贴生活，把自己看到的和感受到的都写了下来。写的时候，他可能并不觉得是什么了不起的文学创作，他只是在记日记，他大概从未想过，这些记录成为后人了解唐朝历史的重要依据，比如《丽人行》《兵车行》。

753 年的三月初三上巳节，杜甫和其他普通老百姓一样，在曲江边上赏景，突然一阵喝道声打破了欢乐气氛，原来是禁卫军在清路，要求行人给长长的车队让道。是谁的车队如此飞扬跋扈、目中无人？原来是唐玄宗的宠妃杨玉环和她的姐姐们来了。只见几位贵妇从车上缓步下来，光彩照人，仪态万方，仿佛仙女一样，与远处的百姓一比，简直天上地下。她们乘坐的车马奢华，随便一个装饰物就价值连城，够多少百姓一辈子的开销了。此情此景刻进了杜甫脑海，他

用酣畅的笔墨写下了一首《丽人行》，把贵族生活的奢靡描绘得淋漓尽致，其中充满了他对唐王朝的担忧:这样穷奢极欲的统治者将把这个国家带向何处去?

与奢靡、安逸相对应的，不是太平安宁，而是攻伐战乱。唐玄宗开创了盛唐局面，野心也因此不断膨胀，希望通过武力将一些地区并入自己的版图，而要实现这一目的，战争在所难免。他派兵驻守边疆，不时发动战争。从边疆传到他耳朵里的是胜败的战报，而百姓听到的却是家人的死活。

车辚辚，马萧萧，行人弓箭各在腰。

…………

信知生男恶，反是生女好。

生女犹得嫁比邻，生男埋没随百草。

君不见，青海头，古来白骨无人收。

新鬼烦冤旧鬼哭，天阴雨湿声啾啾。

——《兵车行》

杜甫将自己看到的社会事件记录了下来，他不再

单单为了自己一个人的荣辱得失而伤心失望，天下百姓的一哭一笑都与他有了紧密联系。他没有李白那种“今朝有酒今朝醉”的潇洒，他注定与这个国家的兴衰存亡纠缠到底。他纵是一滴清水，也是这汪洋大海中的一滴清水；他纵是一棵孤木，也是这群山万壑间的一棵孤木。古人说“穷则独善其身，达则兼济天下”，杜甫的字典里，穷与达只是运气，兼济天下才是他毕生所求。

可惜无业游民老杜的《丽人行》《兵车行》虽然打动了后来的人们，在当时，却不为人所知。

755年，杜甫已经44岁了，他终于接到了朝廷任命，任命书上写的官职是河西尉，官阶从九品，是个微不足道的小官。河西在哪儿呢？有人说在河西走廊一带，有人说在陕西一带，总之是在远离长安的某个边远地区。人生的第一份工作就要到偏远地区，这对杜甫来说难以接受，何况河西尉这个小官离杜甫“致君尧舜上，再使风俗淳”（《奉赠韦左丞丈二十二韵》）的人生目标太过遥远，于是他拒绝了。朝廷一看，杜甫没答应，于是改任他为右卫率府兵曹参军，官阶是

从八品下，好歹比河西尉高了一个官阶，而且办公地点就在东宫。这次杜甫接受了，原因呢，他在诗里写得很明白：

不作河西尉，凄凉为折腰。
老夫怕趋走，率府且逍遥。
耽酒须微禄，狂歌托圣朝。
故山归兴尽，回首向风飙。

——《官定后戏赠》

杜甫说，我这一大把年纪，如果做了河西尉，还得给人点头哈腰、鞍前马后，我没那个精力了，不如就在率府里做个看门大爷，照看照看账本等事务，岂不乐个逍遥自在？靠着这点儿微薄的工资，我好歹能喝上几两好酒。感谢皇上的圣明，能给我一口饭吃。我现在也不怎么想回家乡了，只有临风叹息而已。

从这一段独白可以看出，杜甫对即将上任的工作岗位充满了自嘲，他并不觉得这是个能够施展抱负、光宗耀祖的职位，不过是糊口罢了，言语中充满了无奈。但至少是有收入了，可以不必再过“朝扣富儿门，暮随肥马尘”的生活了。

第六章

杜左拾遗，仕途曲折

长安十年，杜甫终于有了正式工作。就在他准备过“率府且逍遥”的潇洒生活时，却遭遇了百年不遇的大变局——安史之乱。而杜甫对这次动乱似乎早有预感。

755年冬天，杜甫请假从长安赶回奉先（今陕西蒲城）家中看望亲人，一路上百感交集，于是写了《自京赴奉先县咏怀五百字》这首不朽名篇。让人佩服的是，杜甫在诗中“神预言”了将来的大动乱，他认为盛唐危机四伏，根本不是表面看上去的太平盛世。果然，当他从家中返回朝廷时，安史之乱已经爆发。安禄山率领的叛军攻陷了洛阳，唐玄宗手足无措，只好起用在长安家中养病的哥舒翰率军把守长安的门户潼关。然而，唐玄宗听信杨国忠之言，哥舒翰被逼出战，结果大败，叛军便长驱直入了。长安没有了任何屏障，完全暴露在了叛军面前。唐玄宗自己性命难保，仓皇之下逃往成都。

连皇帝都跑了，杜甫也只能逃跑。往哪儿逃呢？一路向北吧。先接上妻儿，再全家逃难，艰苦跋涉自不必说。一不小心杜甫还与家人走散了，幸好他的侄子四处打听，找到了杜甫，杜甫才算是没落个孤寡老人的下场。四处逃难的日子，一家人命悬一线，朝不保夕，其中艰辛，真是一言难尽。

而唐玄宗跑哪儿去了呢？在护卫队的护送下，唐玄宗到了成都。为了确保大唐的天下不落入叛军手中，太子李亨在灵武（今宁夏灵武）宣布即位，尊称唐玄宗为上皇天帝。

刚把家人安顿在羌村的杜甫听说李亨在灵武登基，于是又上路了。这就奇怪了，乱世之中，老百姓都想着保命要紧，好不容易有了落脚地，不到万不得已，是绝不会再让自己身陷险境的，而杜甫这个时候不在羌村好好和家人聚在一起，出去乱跑什么呢？了解他之后，你就会知道，他这次出发为的仍旧是兼济天下的理想。四十五岁的杜甫，已经满头白发，但他认为国难当头，不能苟且偷生，要与国家兴衰与共。

不幸的是，他刚出发没多久，就被叛军抓住并押往已经沦陷的长安。这时的长安，已经成了叛军享乐的场所，镇守这里的叛军将领孙孝哲每天志得意满、纵酒狂欢，对长安的管治漏洞百出，也幸好如此，杜甫才没有完全丧失行动自由。作为这段历史的亲历者、见证者、记录者，他把眼前看到的一切都记在了心里，写在了诗中，比如《哀王孙》《哀江头》。遥想当年他写在《丽人行》里的繁华盛景，和如今的《哀王孙》《哀江头》相比，真是一个天堂，一个地狱。巨大的社会变化，让诗人杜甫黯然神伤。最痛心疾首的是，他被押到长安不久，就赶上了中秋节，本应该阖家团聚的日子，杜甫却落得孤苦伶仃。这一晚，皓月当空，杜甫感慨万千，提笔写下了一首《月夜》来抒解对家人的思念之情：

今夜鄜州月，闺中只独看。
遥怜小儿女，未解忆长安。
香雾云鬟湿，清辉玉臂寒。
何时倚虚幌，双照泪痕干？

这首诗写作的角度非常巧妙，本来是杜甫想念家人，可他偏偏不这么写，而是写妻子如何思念自己。他想象了这样一幅场景：中秋之夜，妻子站在窗前，抬头望着一轮明月，孩子们跑过来问："妈妈，妈妈，你在看什么？"

"孩子们，妈妈在看月亮。"

"月亮有什么好看的呀？"

"孩子们，你们还小，还不懂。"

对啊，你们的妈妈正在遥想长安那个地方，那里有你们的倒霉爸爸，社会动荡，他不安心在家待着，非要去灵武为新上任的皇帝贡献自己的一份力量，结果被叛军抓去长安，到现在还无法脱身。这可让我如何是好。

转机出现在 757 年，这一年正月，安禄山被自己的儿子杀死了。二月，唐肃宗李亨到达离长安三百里左右的凤翔，把凤翔作为朝廷的临时驻地，建立了自己的临时办公室。杜甫一看皇帝到了长安附近，预测不久之后皇帝就该到长安了，于是开始耐心等待，可惜左等不来右等不来，情急之下，杜甫决定亲自前往

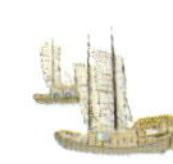

凤翔。上一次奔赴灵武见肃宗没见成，这一次无论如何也要面见皇上，虽然肃宗根本不知道杜甫的存在。

事不宜迟，就在四月份，杜甫启程了。长安周围到处是沦陷区，叛军烧杀抢掠，民不聊生。虽然安禄山死了，但长安附近仍然有叛军驻守，杜甫时刻有被抓回去的危险。即便如此，杜甫依然冒死前行，一刻不敢停歇。终于，凤翔到了！杜甫十分高兴，他感慨万分，一口气作了三首诗来记录这段经历。诗的题目叫《自京窜至凤翔喜达行在所三首》，其中，一个“窜”字用得妙，让我们一下子脑补了老杜从长安到凤翔时在叛军中为了躲避危险四处流窜的场景。诗里“喜心翻倒极，呜咽泪沾巾”一句，生动地为我们展示了杜甫这一路的遭遇和内心的复杂感受，他简直太开心了，开心到极致又悲从中来，泪水打湿了整个手巾，用四个字形容，那就是“喜极而泣”。而“所亲惊老瘦，辛苦贼中来”这一句，描述了在凤翔的熟人见了老杜之后的反应。他们看到冒着生命危险前来汇合的老杜，纷纷上前围着他说：“老杜啊，你怎么老成这样，瘦成这样了？你从贼窝逃出来，一路辛

苦了！”

杜甫从长安奔赴凤翔的感人事迹很快传到了唐肃宗耳朵里，肃宗很是感动，忙召见杜甫。杜甫就破衣烂衫地来到皇帝面前。当得知这样一个赤胆忠心的人，居然只是八品芝麻官，肃宗看不下去了，于是授予了杜甫左拾遗的官职。虽然在官阶上没有多少提升，但这个官职责任重大，经常要和皇帝私聊，为皇帝指出问题，提出各种意见。这不就是杜甫一直追求的“致君尧舜上”的政治理想吗？

然而，伴君如伴虎。在皇帝面前能说上话是好事，但也隐藏着种种看不见的政治风险。初次来到政治舞台中心的杜甫，对官场的规则并不熟悉。平时有针对性地给皇帝提意见也就罢了，可他竟然在一桩重大事件上没能看清形势，因而受了连累。

事情是这样的，当时的宰相房琯，也是杜甫的好朋友。这个人学识好，能力强，做地方官时便为老百姓解决了很多实际问题，得到了极高的声望。后来一步步到了宰相的位置上，深受玄宗、肃宗两任皇帝的信任。可惜他性情直爽，喜欢高谈阔论，有时甚至

口不择言，得罪了皇帝还不自知。慢慢地，唐肃宗对他有了不满，认为他有忤逆皇帝的倾向，心里已经有了“教训他一下”的想法，只是没有找到合适的机会。房琯也感到自己受到了皇帝的冷遇，于是主动提出要为大唐收复失地，想建功立业来挽回皇帝对他的信任。倒霉的是，房琯兵败了。不过这一次，皇帝看在他肉袒请罪的份上没有定他罪。但房琯的人气因此急剧下降，这就给朝廷里的小人们留下了踩他的机会。这些人把和房琯有关的新闻旧事全拿出来，一有机会就添油加醋地说给皇帝听。负面传闻多了，皇帝自然越来越不信任房琯。终于，在757年，房琯被罢免了宰相一职，贬为太子少师。而杜甫作为房琯的好朋友，决定为朋友两肋插刀，他给皇帝写了报告，为房琯打抱不平。

一般来说，给皇帝写报告为朋友求情是没问题的，但一定要摆好求情的姿态，在语气态度上都应该委婉，毕竟房琯罢相的命令是皇帝下达的，要让他收回成命，一定要动之以情晓之以理，站在皇帝的角度说话。可是我们的杜甫因为生性耿直，认为是非对错

比皇帝的面子更重要，他在报告里言辞激烈地指出是皇帝做得不对，结果怎么样呢？显而易见，皇帝不仅无法接受杜甫的批评，还连带杜甫一起怪罪了。“我不仅要罢房琯的相，我连你杜甫也要拉下去审问！”这就是唐肃宗读完杜甫报告之后的真实想法。幸亏有宰相张镐出手相救，才免去了杜甫的罪。

但杜甫并没有吃一堑长一智，在给皇帝的谢罪状里，还继续为房琯辩护。读到这里，你是不是恨不能穿越回去，提醒我们的杜大诗人：别再说话了！再说下去小命不保了！

后来，大概皇帝也懒得和杜甫周旋了，便也开始疏远他。杜甫心里明白自己失去了皇帝的信任，再待下去也没有太大意义，于是决定先回家去看看，至少可以缓解自己的思乡之情，得到亲人的理解。

风尘仆仆地走了漫漫五百里地，杜甫终于到家了！家里人看到失去音讯久已的杜甫突然又从天而降，喜极而泣。连邻居都被惊动了，趴在墙头和他打招呼。这一趟回家的经历，也被杜甫用诗记录了下来：

峥嵘赤云西，日脚下平地。
柴门鸟雀噪，归客千里至。
妻孥怪我在，惊定还拭泪。
世乱遭飘荡，生还偶然遂。
邻人满墙头，感叹亦歔欷。
夜阑更秉烛，相对如梦寐。

——《羌村三首》（其一）

一时间，杜甫回家的喜讯传遍了整个村子，四五个老人带着礼物前来慰问，几个人坐下来一边饮酒一边听杜甫讲自己在外面流离失所、命悬一线的遭遇。“歌罢仰天叹，四座泪纵横。”（《羌村三首》〔其三〕）总之一句话：我太难了！老百姓太难了！

回乡短暂的休整后，杜甫又回到了左拾遗的岗位上。此时他对这份工作也适应了不少，只是年近半百，他与理想依然那么遥远。他似乎不怎么提起“理想”这个东西了，更让他迫切想得到的是一杯酒。可惜他工资不高，只能攒一段时间才有酒喝。

真所谓“天有不测风云”，758 年，杜甫那个不省

心的朋友房琯又出事了，杜甫也受到牵连，被贬为华州（今属陕西省）司功参军，无奈之下，杜甫又阔别亲友，上路了。

在华州工作的一年多时间里，杜甫写了不少诗，有吐槽工作苦的，也有表达对亲友怀念之情的，其中，最著名的莫过于《赠卫八处士》。诗中记录了杜甫在759年路过一个姓卫的好友家时的情景，读来令人叹息：

人生不相见，动如参与商。
今夕复何夕，共此灯烛光。
少壮能几时，鬓发各已苍。
访旧半为鬼，惊呼热中肠。
焉知二十载，重上君子堂。
昔别君未婚，儿女忽成行。
怡然敬父执，问我来何方。
问答乃未已，驱儿罗酒浆。
夜雨剪春韭，新炊间黄粱。
主称会面难，一举累十觞。

十觞亦不醉，感子故意长。

明日隔山岳，世事两茫茫。

相见时难别亦难。古时候的人没有便利的交通工具、通信设备以随时保持联络，很多时候能见一面全靠缘分。一次分别，可能是永诀，尤其在动荡不安的乱世更是如此。

在这一时期，杜甫还时常惦记一个人，就是李白。李白在江湖上名气很大，一般来说，关于他的消息杜甫还是能打听到的。然而这段时间，杜甫却一直没听到关于李白的最新消息，杜甫担心李白的安危，以致夜里常常梦到李白，醒来后便写下《梦李白二首》。诗中杜甫甚至悲观地猜想：李大哥恐怕是遭遇了不测，所以才一点儿消息都没有吧？！直到后来他听说李白还活着，才放心下来。

得知李白还活着，杜甫又写了一首诗寄给李白——《寄李十二白二十韵》，对李白的诗才大加赞美。我们现在评价李白的才华时，还会用到其中两句——“笔落惊风雨，诗成泣鬼神”。

第七章

草堂岁月，苦中寻乐

759年，京畿（jī）地区闹饥荒，加上对肃宗的彻底失望，杜甫毅然辞掉了华州司功参军的职位，开始了辗转漂泊的晚年。

杜甫带着一家老小，先从华州到秦州（今甘肃天水），再从秦州到同谷（今甘肃成县）。之所以去同谷，据说是因同谷县令写信邀请。

去同谷的路上，杜甫写下了大量诗篇，记录了自己经过赤谷、铁堂峡、盐井、寒峡、法净寺、凤凰台等地的见闻。有时候杜甫真的会让我们怀疑他是为了文学创作而不断去体验各种生活的，只是代价未免太大了。

到了同谷后，情况并没有想象中乐观，这里的生活条件甚至更艰苦，杜甫非常失望。为了不挨饿，万般无奈之下，杜甫会到山里捡一种叫橡栗的果实拿回家吃，要不就挖野生的土芋煮了吃。饥寒交迫中，他写了《乾元中寓居同谷县作歌七首》来记录自己和家

人的悲惨处境。

要想活命，同谷是待不下去了，杜甫只得带着妻儿老小再次上路了。走到龙门阁（位于今四川广元）的时候，看着眼前的悬崖峭壁，大风大浪都挺过来的杜甫怕了，他说:“百年不敢料，一坠那得取。”“终身历艰险，恐惧从此数。”（《龙门阁》）说是怕自己坠落山崖一命呜呼，这辈子经历了那么多艰险，今天才知道“恐惧”两个字怎么写了！

终于到了鹿头山（位于今四川德阳），杜甫松了一口气，说是“及兹险阻尽，始喜原野阔。”（《鹿头山》）劫后余生的喜悦之情溢于言表。等到了成都后，他更是庆幸自己捡了一条命，说:“自古有羁旅，我何苦哀伤！”（《成都府》）自古都有流落他乡的人，我为什么要这么伤心呢！

到达成都时，已经是759年年底了，这一年，杜甫一家什么也没干，光长途跋涉了。用杜甫自己的话说是“一岁四行役”（《发同谷县》）——从洛阳到华州，从华州到秦州，从秦州到同谷，从同谷到成都。下一站，会是哪里呢？杜甫再也不想动了，既来之则

安之，就成都吧！

杜甫先在成都西郊的一个草堂寺寄居了三个月。第二年春天，在剑南节度使严武的帮助下，杜甫出任节度参谋，并在城西的浣花溪边上修建了一座自己的草堂，住了下来。后来严武又表荐杜甫为检校工部员外郎。

草堂修建期间，杜甫感受到了来自亲友们的关爱，有人给他送树苗，有人给他赠诗，还有人前来看望他。从初春到暮春，杜甫的草堂落成了，必须题诗一首，以示纪念，就叫《堂成》！一家人在这个小院里开心得不得了，从兵荒马乱中走过来的人，能享有这么一份春意盎然的安宁，是多么珍贵啊！诗人杜甫感慨万千，一篇篇诗作就像草堂周围自由飞舞的蝴蝶一样，纷纷而至。

杜甫这颗惬意的心再也关不住了，他常常溜达到江边散步，写下了《江畔独步寻花七绝句》，其中第六首写的是邻居黄四娘家的无限春光，黄四娘不知道，她竟然也因此在文学史上占了一席之地：

黄四娘家花满蹊，千朵万朵压枝低。
留连戏蝶时时舞，自在娇莺恰恰啼。

黄四娘家的花开得真繁盛啊，千朵万朵压得花枝低垂。花香四溢，引得蝴蝶一直在花枝旁舞蹈，不舍离去。枝头的黄莺自在地啼叫，声音娇柔悦耳。好一幅春景图啊！

在成都的日子过得确实安心，杜甫踏踏实实做起了老农，亲自种菜耕田，养花除草。诗兴大发的时候，就提笔写几首，自我陶醉一番，简直可以说是相当滋润了。

761 年春天，一场春雨给了杜甫灵感，他大笔一挥，写下了又一首千古绝唱：

好雨知时节，当春乃发生。
随风潜入夜，润物细无声。
野径云俱黑，江船火独明。
晓看红湿处，花重锦官城。

——《春夜喜雨》

这真是一场好雨啊！它仿佛知道春天是万物萌发的季节，最需要雨水的滋润，于是就这么善解人意地下起来了。绵密的雨滴随着春风在夜里悄悄而来，好像怕打扰我们，又好像专门要为我们制造一个惊喜，就这样无声无息地滋润着万物。看看窗外，小路和远处的云都黑乎乎的，看不清楚，只有江面上船只里的灯火是明亮的。等到明天早晨，再来看这被打湿的红花，一定娇艳欲滴，整个锦官城（今四川成都）也定是一片花的海洋。

在成都，杜甫不仅欣赏了令人流连忘返的美景，还听到了只应天上有的仙乐，这又是怎么回事呢？

成都尹崔光远的部将花敬定，也叫花卿，常在府中大摆宴席，宴席上自然少不了歌舞节目，我们虽然不知道杜大诗人是否有幸被邀请到花卿府上赴过宴，但他确实给这位花大官人写过一首诗，叫《赠花卿》：

锦城丝管日纷纷，半入江风半入云。

此曲只应天上有，人间能得几回闻？

有人认为，杜甫这首诗是在夸赞花卿府上音乐的美妙，毕竟诗里说得很明白，“此曲只应天上有，人间能得几回闻”。不过也有研究者提出疑义，认为这个花卿所欣赏的乐曲，可能是违规的。

在那个年代，皇帝有资格听的演唱会，大臣们是不能在自己家里安排的。如果私自安排，就会被认为有篡位的野心。在成都生活的这个叫花卿的人，曾经因为平定叛乱而立过战功，所以就居功自傲，目无朝廷，在成都称霸一方。杜甫听到从他府上传来的音乐声，于是写下了这首《赠花卿》，讽刺花卿“此曲只应天上有”，告诫花卿没有资格欣赏这样的乐曲。

这首诗真的有这样一重意思吗？现在已经无从考证了。我们只能说，如果这首诗真是暗含讽刺的话，那杜甫的诗作实在是太厉害了。而即便没有这样一重意思，这依然是一首好诗。

在成都，杜甫的快乐比忧伤多一些，这与节度使严武对杜甫格外关照息息相关，杜甫也因为严武的帮助而对他心怀感激，两个人的友谊就这样越来越深。二人往来频繁，诗酒唱和。只是严武后来入朝为官

了，杜甫在成都的生活便失去了依靠。

不过，杜甫和当地人渐渐熟悉了起来，不时邀请朋友来他的草堂一聚，这些生活点滴都被他记录在了诗中，比如下面这首鼎鼎有名的《客至》：

舍南舍北皆春水，但见群鸥日日来。
花径不曾缘客扫，蓬门今始为君开。
盘飧市远无兼味，樽酒家贫只旧醅。
肯与邻翁相对饮，隔篱呼取尽余杯。

这天早上，杜甫在打扫自家院子里的小路，这条路他从没像今天这样打扫过，因为平时无人登门，只有水鸟光顾，自然不用打扫，而今天一位重要的客人要来，所以他要仔细打扫一番。这是故事的开始。

打扫完小路后，杜甫要为客人准备食物了，可惜他发现家里只有陈年浊酒，至于鱼啊肉啊是没有的。究其原因，一方面是因为杜甫住的地方离市集太远了；另一方面是因为杜甫家穷，没钱买。于是等客人来了之后，他对客人解释道：“盘飧市远无兼味，樽酒

家贫只旧醅。”

喝着喝着，杜甫想起了隔壁王大爷，他知道王大爷也是个喜欢饮酒的人，于是隔着篱笆叫王大爷一起来喝。用诗里的话说就是“肯与邻翁相对饮，隔篱呼取尽余杯”。

通过这首诗，我们可以看出杜甫在成都这段时间的生活是快乐、闲适的。

可是，向来忧国忧民的杜甫这样会满足吗？并不会。其实，在成都这段愉悦的时光并没有让他不再为国家安危操心，相反，他时刻关注时事新闻，盼着安史之乱早日结束，朝廷恢复正常，老百姓过上安宁日子。

763 年的春天，一个大快人心的好消息传到了杜甫耳中——先是朝廷的军队收复了河南河北多处失地，然后是史思明的儿子史朝义兵败自杀，长达八年的安史之乱结束了！杜甫激动不已，提笔写下一首《闻官军收河南河北》：

剑外忽传收蓟北，初闻涕泪满衣裳。
却看妻子愁何在，漫卷诗书喜欲狂。
白日放歌须纵酒，青春作伴好还乡。
即从巴峡穿巫峡，便下襄阳向洛阳。

剑门关外传来了蓟北被收复的消息，一听到这个消息，我老杜真的是喜极而泣，泪洒衣衫。看看妻子和孩子们，他们脸上的愁容也都消散一空。这真是天大的好消息！我这就收拾行李回家乡，诗书胡乱收拾一下就好了，我现在内心狂喜，顾不了太多。你看春光明媚，正适合引吭高歌痛饮美酒，还等什么呢？带着这样喜悦的心情快快启程，乘船回家吧！从巴峡穿过巫峡，下了襄阳就可以奔着洛阳去啦！

如果不是杜甫在诗里写着要乘船回乡，我们可能会误以为他坐的是火箭。难怪这首诗被称为杜甫“生平第一快诗”。

那么问题来了，杜甫真的回到洛阳了吗？根据目前的研究显示，杜甫很可能只是在诗里过了过嘴瘾，他根本没能像他写的那样“即从巴峡穿巫峡，便下襄

阳向洛阳”，他一厢情愿地以为安史之乱已经翻篇，和平年代已经到来，殊不知吐蕃早就虎视眈眈，想要趁着大唐虚弱的时候进犯。谁曾料想，吐蕃竟然一度占领了长安。好在唐军设计骗走了吐蕃军队，才使大唐皇帝唐代宗重回长安。就在唐军和吐蕃军队的战斗、博弈过程中，成都也难免受牵连。杜甫和李白的共同好友高适被任命为西川节度使，从西南方向牵制吐蕃军队。前不久还“漫卷诗书喜欲狂”的杜甫，现在又回到了忧国忧民的老路上。他该何去何从呢？待在成都太不安全了。这时，杜甫的妻儿正在梓州，于是杜甫去了梓州，然后又辗转到了汉州、阆州等地。

就在四处转辗，无所归依的时候，杜甫听说严武再次被任命为剑南节度使，任务是率领蜀军攻打吐蕃。严武不负众望，率军将七万多吐蕃人赶出蜀地，功勋卓著，因此被封为郑国公。不久后，杜甫收到严武请他去成都游玩的邀请。于是杜甫带着妻儿一行再次前往成都，那里有老朋友严武，有心爱的草堂，还有能随时“呼取尽余杯”的左邻右舍，是再好不过的去处。

回到草堂时，杜甫感受到了左邻右舍对他的欢迎：

旧犬喜我归，低徊入衣裾。
邻舍喜我归，酤酒携胡芦。
大官喜我来，遣骑问所须。
城郭喜我来，宾客隘村墟。

——《草堂》（节选）

看见我回来，家里的老狗高兴得直往我衣服里钻，邻居高兴得提起葫芦就去打酒，大官严武高兴得立即派手下人过来询问我需要些什么，城郭间的人们都欢迎我回来，整个村子挤满了来看我的宾客。

此时已是764年，53岁的杜甫对“喜”的理解透彻了不少，不再像年轻时候喜于“集贤学士如堵墙，观我落笔中书堂”（《莫相疑行》），而是喜于动乱时局中有一个归宿。这样的“喜”还流露在他的其他诗作中，比如下面这首《绝句》：

两个黄鹂鸣翠柳，一行白鹭上青天。

窗含西岭千秋雪，门泊东吴万里船。

这首诗太有名了，以至于后人因此还编了一个有趣的故事。说是有一次，杜甫的朋友来家里做客，这让本不富裕的杜甫又喜又急。喜的是有朋自远方来，急的是并没有什么像样的饭菜来招待，家里最多的就是韭菜了，还有点儿可怜的豆腐和鸡蛋。这可怎么办呢？情急之下，杜甫决定给朋友们摆上一顿文化大餐，他嘱咐夫人做这么三菜一汤：韭菜炒蛋黄、韭菜炒蛋白、清蒸豆腐渣、韭菜豆腐汤，还特意叮嘱妻子在豆腐汤上放几个鸡蛋壳。

当这一桌“豪华盛宴”摆上来之后，客人们看了都傻了眼，这，怎么下筷子啊？此时杜甫开始发挥他的才华了，他站起来，笑吟吟地对客人们说：“欢迎朋友们来我家做客，今天这一桌子菜不成敬意，我为大家报个菜名。”客人们不知道老杜葫芦里卖的是什么药，就饶有兴趣地听他讲下去。只见杜甫先指着韭菜炒蛋黄说：“这道菜叫两个黄鹂鸣翠柳。”大家一看，

好像有点儿道理，为数不多的蛋黄混在绿色的韭菜中间，就像两只黄鹂立在翠柳枝头一样。接着杜甫又指向韭菜炒蛋白，介绍道："这道菜叫一行白鹭上青天。"众人看了，也觉得有点儿意思。紧接着，杜甫指着清蒸豆腐渣，说："这便是窗含西岭千秋雪。"最后，他指着漂着几个蛋壳的韭菜豆腐汤说："这就是鼎鼎有名的门泊东吴万里船啦！"客人们听了之后开怀大笑，都为杜甫的诗才连连点赞，本来不怎么样的一桌子菜，因为有了杜甫的诗摇身一变成了文化大餐，客人们都吃得津津有味。

这一时期，杜甫的绝句写得真好，除了上面这首，还有下面这两首也广为流传：

迟日江山丽，春风花草香。
泥融飞燕子，沙暖睡鸳鸯。

江碧鸟逾白，山青花欲燃。
今春看又过，何日是归年？

——《绝句二首》

杜甫以诗为画，为我们描绘了两幅风和日暖、欣欣向荣的春景图。首先我们来看第一首。这里的“迟日”就是春日的意思，化用了《诗经》中“春日迟迟”的说法。整首诗四句话，每一句都是一幅画面：

迟日江山丽——大好江山沐浴在春天的阳光下，显得格外秀丽；

春风花草香——春风送来了花草的香味；

泥融飞燕子——燕子在飞来飞去忙着衔泥筑巢；

沙暖睡鸳鸯——鸳鸯成双成对睡在暖暖的沙子上。

从杜甫描写的这幅春景图中，我们感受到的是一种惬意、安然，还有对生活的满足。暂别颠沛流离之苦的杜甫，终于可以静静地欣赏一下大好春光了。

不过第二首，除了描写美景外，还是带出了杜甫的些许忧愁：

江碧鸟逾白——碧绿的江水衬托得鸟儿的羽毛更加洁白；

山青花欲燃——青翠的山林衬托得山花更加红艳，仿佛要燃烧起来；

今春看又过——今年春天眼看就要过去了；

何日是归年——什么时候才是我归乡的日子呢？

虽然美景当前，有时却更容易让人伤感。就像此时的杜甫，看着美丽的春日景致，却想到了时光飞逝，离乡千里，什么时候才能不再客居他乡，回到自己的家乡生活。前两句是乐景，后两句是哀情，这使得乐景更乐，哀情更哀，读后让人不禁同情这位五十多岁的老人，也不禁想替杜甫问一句：他到底什么时候才能离开成都，回到家乡洛阳呢？

真实的情形是，在杜甫54岁的时候，也就是765年，他确实离开了四川，也去了不少地方，却并没有回到家乡。他在54岁至59岁期间（765年—770年）去了不少地方：

云安：765年秋—766年春

夔州：766年春—768年春

江陵：768年春—768年秋

公安：768年秋冬

岳州：768年冬—769年春

潭州：769年春

衡州: 769 年春

潭州: 769 年夏—770 年夏

衡州: 770 年夏

潭州: 770 年秋冬

第八章

颠沛流离，以诗为史

想来一定是特别的缘分，就在770年的春天，杜甫与少年时见过的偶像歌手李龟年在潭州（今湖南长沙）重逢了。

两个漂泊者，猝不及防地相逢，和这位曾经红极一时的宫廷歌手寒暄过后，往事历历浮上杜甫的心头，尽管百感交集，思绪万千，但在杜甫的笔下却好像平平常常的一次相会，有一种繁华落尽的简单凝练：

岐王宅里寻常见，崔九堂前几度闻。
正是江南好风景，落花时节又逢君。

——《江南逢李龟年》

这位叫李龟年的偶像歌手也和李白打过交道，唐玄宗曾命李白写了歌词拿给李龟年演唱，用现在的话说，李白是词作者，李龟年是曲作者和歌手。而杜甫呢，是观众和粉丝，他曾经在唐玄宗的弟弟岐王李范和秘书监崔涤府上听过李龟年的演唱会。可惜，胜景不常，盛筵难再，大唐的盛世被安史之乱的爆发猝然打破了，从皇帝到庶民无人能幸免，宫廷歌手李龟年和杜甫一样，这些年来一直流落在外。

想当年，李龟年是当红歌手，杜甫则是别人口中前途光明的后生，一切都那么美好。杜甫回忆起来，往昔历历在目——“忆昔开元全盛日，小邑犹藏万家室。稻米流脂粟米白，公私仓廪俱丰实。”（《忆昔二首》）那时日子仿佛才刚刚开始。然而，几十年过后，经历了安史之乱的大唐已经由盛转衰，社会变迁和历史沧桑刻在了这两个曾经的少年脸上。安史之乱中，杜甫带着一家老小经常食不果腹，居无定所。而李龟年呢，在皇帝都不得不仓皇逃跑的时候，谁还有闲情逸致听他演唱呢？恐怕也是苟且保命要紧。

这一次重逢，虽然“正是江南好风景”，但同时也是“落花时节”，其中不得不说暗含了某种衰颓的意味。

这一年冬天，杜甫带着一家八口人，乘船从长沙前往岳阳，路过洞庭湖的时候，杜甫病得更重了，他

坚持写完了《风疾舟中伏枕书怀三十六韵奉呈湖南亲友》这首长诗，是寄给湖南的亲友的。诗中表达了自己的无尽悲苦。这首诗便是杜甫的绝笔了。

回顾杜甫这一生，他经历了大唐由盛转衰的全过程，虽没有挽狂澜于既倒，扶大厦之将倾的雄才伟略，但却靠他清醒的目光、慈悯的情怀和一支勤于记录的笔，成为大唐历史最好的亲历者、见证者和记录者。

杜甫被世人称为“诗圣”，《孟子》中对“圣”有这样的解释：“充实之谓美，充实而有光辉之谓大，大而化之之谓圣……”意思是说，充实就是“美”，充实而且能散发出光辉就是“大”，这种光辉如果能感化更多的人，就可以称为“圣”了。杜甫的诗，是美的，是充实而有光辉的，是能够感化他人的，正因为如此，他是名副其实的诗圣。

杜甫的诗现存1400多首，是可以被当作史料来进行研究的。而杜诗的价值在他身前没有人发现，在他死后一百多年里，也没有多少人重视。直到北宋时期，才有人把杜诗用心搜集整理出来，使之得以流传至今。

770年冬天，杜甫颠沛流离的一生画上了句号，但他的诗歌和故事却不断被后人研究，并一代又一代地延续下来。中国史学家洪业在《杜甫：中国最伟大的诗人》一书中这样评价他：

他是孝子，是慈父，是慷慨的兄长，是忠诚的丈夫，是可信的朋友，是守职的官员，是心系家邦的国民。他不但秉性善良，而且心存智慧。他对文学和历史有着深入的研习，得以理解人类本性的力量和脆弱，领会政治的正大光明和肮脏龌龊。

杜甫的伟大与日、月、星同辉，共三光而永光。

语文书里的大诗人

王维的故事

常迎春 著

CnS | 湖南教育出版社

· 长沙 ·

目录

引 子

当我们还是小孩子的时候，爸爸妈妈会教我们背诗。在这些诗里，一定少不了唐代大诗人王维的作品。

鹿 柴

空山不见人，但闻人语响。
返景入深林，复照青苔上。

九月九日忆山东兄弟

独在异乡为异客，每逢佳节倍思亲。
遥知兄弟登高处，遍插茱萸少一人。

送元二使安西

渭城朝雨浥轻尘，客舍青青柳色新。
劝君更尽一杯酒，西出阳关无故人。

王维究竟是一位什么样的诗人？他为何能写出这样动人的诗歌？请你带着好奇心往下读，本书将为你展示王维传奇的一生。

如果只能用两个词来形容王维，“全能”和“天才”也许最适合他。王维“全能”在哪里？我们先来看看他有哪些头衔吧：杰出的诗人、画家、书法家、音乐家，每一个头衔都闪闪发亮。

诗人这个名号就不用说了，如果我们今天要给唐代诗人排座次，王维是绕不开的大家。王维有“诗佛”的称号，被认为是“山水田园诗派”的重要代表，他的地位即便比不上李白、杜甫，也绝对跑不出前五名。

王维大概算得上诗人里画画最好的，“画家”在他的头衔里，重要性仅次于“诗人”。宋代大文豪苏轼看过王维的画后，赞叹不已，道:“味摩诘之诗，诗中有画；观摩诘之画，画中有诗。”这句话后来被浓缩为“诗中有画，画中有诗”，成为评价王维艺术风格的千古名言。如今，虽然我们还能读到不少关于王维画作的传说，但其真迹流传下来的极少。就让我们从下面这两幅据传可能是王维的画中感受一下“诗画合一”的意境吧！

（传）〔唐〕王维 《江干雪霁图》（局部）

（传）〔唐〕王维 《千岩万壑》（局部）

王维还是大书法家、大音乐家。他的书法自成一派，楷书端庄秀丽，行书潇洒飘逸。他的音乐才华也非常出众，文学作品里流传着很多相关的故事。

拥有这么多才艺，并且在每个领域都做到了顶尖，这样的人物不叫“天才”叫什么？那么，王维是如何一步步绽放自己的“天才”的呢？就让我们从他的出生讲起，来全面地了解他的一生吧。

第一章

出身名门，天资聪颖

如果给王维填一张出生证，姓名这一栏，除了要填上“王维”二字，还要加上“字摩诘”。古人在姓、名之外，还有字和号。古人的字一般会和名有关联，像汉代的科学家张衡字平子，“平”就是“衡”的近义词。王维字摩诘，“摩诘”二字也和“维”有关联：佛教里有一位著名居士叫维摩诘。

王维的出生日期这一栏要填长安元年，这一年即公元 701 年，距离今天有 1300 多年。

王维的出生地这一栏要填蒲州，就是今天的山西永济。

王维的父母这一栏，父亲要填王处廉，母亲要填崔氏。

王维的父亲王处廉曾做过唐朝的中等官吏，王氏一族在当地也算显赫人家。不过，不幸的是，在王维九岁时，他的父亲就去世了，只留下母亲崔氏带着几个孩子艰难度日。

崔氏是个了不起的女子，她出身名门望族，受过良好的教育，在培养孩子方面很有见识。王维是家中的老大，下面还有四个弟弟、两个妹妹。崔氏在几个孩子身上倾注了很多心血。

崔氏笃信佛教，长年吃斋念佛。母亲对佛教的虔诚，无形中也影响了王维。王维的名字就与佛教里的维摩诘居士有关。

所谓“居士”，就是在家修行的佛教徒。维摩诘居士是古印度的一个富翁，家财万贯，奴婢成群，却对佛法非常虔诚。他聪明无比，辩论才能也十分突出。佛祖曾派最有智慧的文殊菩萨去探望他，维摩诘却和文殊菩萨辩论起佛法，针锋相对，妙语连珠，丝毫不落下风。

这场辩论为维摩诘赢得了菩萨和罗汉们的尊敬，他也因此达到了在家修行的佛教徒渴望达到的最高境界。王维的名和字，不知道是不是信佛的母亲起的，不过，通过这个名字，我们可以看出王维生活在佛教文化浓厚的环境中。

在崔氏的精心培养下，王维兄妹一天天长大，都

长成了聪明、灵秀的孩子。在这几个孩子中，王维和弟弟王缙尤其出色。特别是王维，从小就表现出聪颖的天资。他熟读诗书，九岁就能写出辞藻优美的诗文。他还擅长画画，书法也常常得到老师夸奖，琵琶更是弹得出神入化。

转眼，王维长到了十五岁。这一年是开元三年（715 年），大唐的皇帝是唐玄宗。此时的唐玄宗刚三十出头，才当了四年皇帝。他年富力强，奋发有为，先后任用姚崇、宋璟等能臣贤相，把大唐王朝推向辉煌顶点，迎来了开元盛世。

对于古代的男子来说，十五岁是一个重要的生命节点。孔子曾说过："吾十有五而志于学，三十而立，四十而不惑，五十而知天命，六十而耳顺，七十而从心所欲，不逾矩。"十五岁，正是一个人做学问的开端，对一个唐朝少年来说，这是参加科举考试的最佳年龄。从这年起，王维开始为科举做准备。

王维的计划是先到京城长安游学，然后参加京兆府乡试，考中后，就可以进一步参加进士考试，如果能金榜题名，就可以做官。这年初秋，王维告别了母

亲、弟、妹，踏上了前往长安的旅途。

王维的故乡蒲州与长安相距 300 多里，按每天 60 里的速度行进，要走六七天。王维平生第一次离家远行，心情有点忐忑，又有点兴奋。

踏上关中大地后，沿途风光越来越繁华，他一边沿着大道赶路，一边欣赏着苍翠的终南山。进入长安地界，一座葱茏的山峰宛如一匹青黑的骏马突然闯入他的眼帘。啊！骊山！这就是当年周幽王烽火戏诸侯的地方！这就是千古一帝秦始皇埋葬的地方！

王维远远地望着骊山，望着秦始皇那已被烧毁的神秘帝陵，想到历史有兴盛有衰败，心中涌起无限感慨，当即写下一首咏史之作——《过秦皇墓》：

古墓成苍岭，幽宫象紫台。
星辰七曜隔，河汉九泉开。
有海人宁渡，无春雁不回。
更闻松韵切，疑是大夫哀。

这首诗写得深沉、老成，简直不像十五岁少年的

口吻。

秦始皇是历史上第一位统一中国的皇帝，雄心勃勃，傲慢自负。他认为自己统一六国的功绩是前无古人、后无来者的壮举，因此，对自己的陵墓也投入了巨大的人力财力来修筑。

秦始皇陵耗时40年，用了70余万人力，才完成这项浩大工程。据《史记》记载，秦始皇陵的地下宫殿有和地上一样规模的楼宇宫观，奇珍异宝无所不藏。陵墓墓顶画着日月星辰，墓底用水银铺成江河湖海，其中还有黄金铸成的大雁在嬉戏。

王维这首诗写的就是秦始皇陵的奢华：秦始皇的古墓背靠苍翠的骊山，地下的宫殿和地上的皇宫一样金碧辉煌。日月星辰在地下的“天空”闪耀，迢迢银河也仿佛落到了九泉之下。这里有江河湖海，而凡人难渡；这里没有春天，黄金做的大雁也不会飞去飞回。想到这里，听到松涛阵阵，松树仿佛也在叹息，为秦始皇的骄奢而悲哀。

“五大夫”是古代的爵位名。相传，秦始皇到泰山封禅，祭祀完天地下山，半路突然下起了雨。路边

刚好有一棵大松树，秦始皇就躲在松树下避雨。避完雨后，他认为此树护驾有功，将其封为“五大夫”。

王维这首诗没有直接谴责秦始皇穷奢极欲，而是借“五大夫”的悲哀，曲折地表达对秦始皇暴政的不满。明代顾可久评论此诗“讽其穷奢糜烂不露”，也就是称赞它委婉、含蓄。

第二章

游学长安，广结名士

来到京城长安后，王维一边刻苦读书，一边拿着自己的诗文到处拜访高官显贵，为科举考试铺路。

参加科考为什么还要拜访高官显贵呢？这是因为唐代科举考试有一个特别现象——行卷。那时，参加科举考试，不像我们今天参加高考、公务员考试，只看考试成绩和面试结果。那时的考试，考卷是不匿名的。在这种情况下，要想考中，一定要有相当的名气，最好有达官贵人的推荐和保举。

怎样才能让达官贵人推荐你呢？这就需要你拿上自己的诗文到他们府上拜访，请他们阅读。如果达官贵人欣赏你的才华，愿意推荐你，那么恭喜你，你离科举高中就近了一大步。这种为增加科考命中率而向达官贵人呈献诗文的做法，就叫“行卷”。

王维虽然才华横溢，但也只是个普通的山西地方官员的子弟，在遍地王侯的长安，这样的出身实在平凡。所以要想出人头地，他除了必须好好读书、写诗文，也得努力在达官贵人那里刷存在感。

日子一晃就是两年，开元五年（717 年），王维十七岁了。两年没回家的他，十分思念家人。这年九月初九重阳节，长安城里家家户户都在过节，一片欢声笑语。人们胳膊上戴着香囊，囊中插着茱萸，登高秋游，赏菊饮酒，热闹非凡。

王维一个人漂泊在长安，内心无比孤单。他没滋没味地想：家里的兄弟姐妹都在干什么呢？亲人们是不是也在想自己，就像自己想他们一样？在落寞的心情中，他写了一首诗——《九月九日忆山东兄弟》，后来这首诗成了千古名作：

独在异乡为异客，每逢佳节倍思亲。
遥知兄弟登高处，遍插茱萸少一人。

这首诗写尽乡愁的滋味。“每逢佳节倍思亲”，几乎每个游子都会吟诵。这首诗不仅把思念写得无比动人，还用了一种特别的“照镜子”的方式表达感情。“遥知兄弟登高处，遍插茱萸少一人”，诗人不直接说

自己对家人牵肠挂肚，而是说家中兄弟秋日登高，思念自己，感慨单单少了自己。

这种写法非常高明，后来的诗人纷纷效仿。杜甫写《月夜》："今夜鄜（fū）州月，闺中只独看。"不说自己在月明之夜思念妻子，而说独守空闺的妻子在清澈的月光下想念自己。白居易写《邯郸冬至夜思家》："想得家中夜深坐，还应说着远行人。"明明是诗人自己想家，却不说自己，而是拐弯抹角地说家里的人在想自己，念叨自己。还有韦庄的《浣溪沙》："夜夜相思更漏残，伤心明月凭阑干，想君思我锦衾寒。"明明是自己想念对方，想到无法入睡，却不说自己思念，而是说对方想念自己觉得衣被寒凉。

这种写法有什么妙处呢？最大的妙处是把情感拉远了距离来感受，让情感更有想象的空间。这就像游览中国园林，中国园林常以假山、月亮门、竹林等将建筑隔开，避免人们一览无余。人

们欣赏园林的景致，是透过镜子、纱窗、帘幕，曲折地看，这就有一种特别的美感。

转眼，这一年飞快过去了，王维在长安迎来了自己的十八岁。他一边用功苦读，一边仍奔波在王公贵族的门庭。这一年，他曾离开长安，前往东都洛阳，在那里住了几个月。也是在这一年，他的弟弟王缙也到了参加科考的年龄，来到长安。

为了得到达官贵人的推荐，兄弟二人写了很多“干谒诗”，投到贵人门下。所谓“干谒诗”，就是文人为推销自己而写的一种诗，类似于现代的自荐信。当时，王维有一首《洛阳女儿行》大受称赞，这首诗写道：

洛阳女儿对门居，才可颜容十五余。
良人玉勒乘骢马，侍女金盘脍鲤鱼。
画阁朱楼尽相望，红桃绿柳垂檐向。
罗帏送上七香车，宝扇迎归九华帐。

狂夫富贵在青春，意气骄奢剧季伦。
自怜碧玉亲教舞，不惜珊瑚持与人。
春窗曙灭九微火，九微片片飞花琐。
戏罢曾无理曲时，妆成只是熏香坐。
城中相识尽繁华，日夜经过赵李家。
谁怜越女颜如玉，贫贱江头自浣纱。

《洛阳女儿行》洋洋洒洒地铺陈了“洛阳女儿”的奢华生活：她住在雕梁画栋的房子里，用着镶金缀玉的美器，吃着鱼肉精米，睡着华丽绣帐，出行坐着宝马香车，还有英俊高贵的丈夫宠爱她，平时交往的人都是富贵之家。这首诗的落脚点在最后两句：“谁怜越女颜如玉，贫贱江头自浣纱。”——有谁怜惜越国那贫贱的女子西施呢？她虽然貌美如玉，却不能像洛阳女儿一样身处富贵，只能一个人在江边辛苦地浣纱。

这首诗就是一首“干谒诗”。在《洛阳女儿行》里，那身处富贵的“洛阳女儿”指的是已经功成名就的王侯们，而在江边浣纱的越女，指的则是诗人自

己。他像西施一样有美丽的容颜、高超的才华，只是还没有得到飞黄腾达的机会，因此，这首诗也是在向权贵们委婉地暗示：我的才华被出身门第埋没了，你们难道看不出来吗？

最终，王维和王缙凭借才华和风度成功打入贵族圈，成为达官贵人的座上宾。他们终日赴宴欢饮，走马灯般穿梭在豪门贵族之家。兄弟二人有多受欢迎呢？据说王公贵族看到他们来了，都要把座席擦了又擦，以此表示欢迎。甚至连武将们都想结交王维兄弟，不时邀请他们到府上聚会。

冬末的一天，一位姓周的将军邀请王维去看打猎。一行人骑着快马，驾着猎鹰，牵着黄犬，来到长安郊外。劲风呼呼地刮着，周将军拈弓搭箭，向几十米外一只飞跑的野兔射去。射中了！大家欢呼雀跃。猎鹰“呼喇”一声，扑向垂死挣扎的兔子，马儿也轻快地奔跑撒起欢儿来。一天下来，一行人收获颇丰，不仅打到几只兔子，还猎到一只野羊，一只雄雕。夕阳西下，暮云千里，众人说说笑笑，满载而归。归途中，王维在马上回想一天的见闻，依然感觉意犹未尽，他忽然来了诗兴，便不假思索地吟了出来：

风劲角弓鸣，将军猎渭城。
草枯鹰眼疾，雪尽马蹄轻。
忽过新丰市，还归细柳营。
回看射雕处，千里暮云平。

——《观猎》

周将军一边拍手称赞：“好诗！好诗！摩诘老弟果然才华高妙！”一边哈哈大笑。王维也发出爽朗的笑声。

这一时期的王维自信快乐，他像诗人李白一样做起了热血沸腾的侠客梦，幻想和一群少年英雄挥洒青春，快意恩仇。豪情像大河一样在他胸膛奔涌，他梦中都在饮酒作诗。一组雄健浪漫的《少年行》，就是在这种激情中写下的：

新丰美酒斗十千，咸阳游侠多少年。
相逢意气为君饮，系马高楼垂柳边。

——《少年行四首》（其一）

出身仕汉羽林郎，初随骠骑战渔阳。
孰知不向边庭苦，纵死犹闻侠骨香。

——《少年行四首》（其二）

这组诗里的少年风流潇洒，轻死重义，正是年轻的王维渴望成为的人。

日子就这样流水般过着，在长安、洛阳这两年，王维不仅顺利打响了名号，还交到不少好朋友。在洛阳，他结识了一位知己，姓祖名咏，在家族兄弟中排行第三，王维亲昵地称他为“祖三”。

唐朝人喜欢以姓加家族排行称呼朋友，以表示亲切。比如王维的《送元二使安西》，元二就是一位姓元、在家族中排行第二的朋友。李白在家族中排行第十二，朋友就叫他“李十二”；杜甫在家族中排行第二，朋友就叫他“杜二”；白居易排行第二十二，就

被称为“白二十二”。

祖咏是洛阳人，也是一个大才子。他传世作品不多，但都广受称赞。祖咏和王维年龄相当，此时都是十八九岁，两人一见如故，惺惺相惜。

王维还认识了一位朋友，名叫綦（qí）毋潜。綦毋潜，字孝通，虔州（今江西赣州）人，也是一位青年才俊。他和王维一样，到京城来是为了寻找做官的机会。綦毋潜比王维大几岁，已经参加过几次科举考试，一直没考中。但他不死心，还想再战。两人因为目标相似、性格相投，结下了深厚的友谊。

第三章

厚积薄发，一举夺魁

时光匆匆而逝，眨眼间，已是开元七年（719年），王维十九岁了。这年七月，他就要参加京兆府的乡试，通过后，即可在来年正月参加吏部举行的进士考试。

当时，乡试考中的人，被称为“举人”；而乡试的第一名，被称为“解头”。很幸运，在京兆府的考试中，年纪轻轻的王维考了第一名，当上了解头。关于王维是怎么当上解头的，流传着一个浪漫的故事。

王维在长安、洛阳游学期间，得到了王公贵族的一致欣赏。在这些欣赏他的人中，地位最高的是岐王李范。李范是唐玄宗李隆基的弟弟，品性高雅，喜爱文学，经常召集文人才子到他府上聚会。王维不仅诗文才华出众，性情娴雅，还精通音律，弹得一手好琵琶，因而很受岐王青睐。

当时有个人名叫张九皋，在文人圈子里比较有名。有小道消息称，此人深得玉真公主的赏识，已经

得到公主的保举，将他提前内定为京兆府考试的第一名。王维听到这个消息，十分着急，跑到岐王那里求情，希望岐王能帮他当上乡试解头。

岐王说:“公主现在势力很大，不能用蛮力去抢。我为你谋划了一下，你把平时做的诗，挑十篇清新别致的准备好，把琵琶曲里新奇幽怨的曲子，挑一首好好练练。五天后你来我这里，我自有安排。”王维从命，五天后又来到岐王府第。

岐王说:“你是个文人，身份低微，想觐见公主，哪有什么门路？现在，我叫你干什么，你能照着我说的做吗？”王维说:“我一定听您的。”于是，岐王取出一套华美的衣服给王维换上，让他带着琵琶一同前往公主府第。

岐王先进公主府拜见公主，说:“正好赶上公主您从宫里回来，我特地带了酒乐前来宴请您。”说着就开始张罗宴会。乐师和艺人们一排排走进来，岐王特地安排王维站在前排第一位。公主果然注意到了风神俊朗的王维，问岐王道:“这个人是谁？”岐王答道:“是一位精通音律的人。”接着就命令王维表演琵琶独

奏。王维的琵琶新曲声调哀怨，凄切婉转，在座的人听了都十分感动。公主问:“这首曲子叫什么名字？”王维起身行礼，答道:“名叫《郁轮袍》。”公主赞叹道:“弹得很好！”

岐王不失时机进言说:“这位书生不只精通音律，他的诗文也无人能出其右。”公主听了更加惊讶，问王维:“你带有诗文吗？”王维赶紧把怀里揣着的诗卷拿出来，呈献给公主。公主读完，吃惊地说:“这都是我平时经常读、很喜欢的诗，我一直以为是古人的佳作，没想到竟然是你写的！”当即令王维换了衣服，坐在贵客的座位上。

接下来的宴饮中，王维的言谈举止十分得体。他不仅有极好的风度，而且幽默诙谐，在座之人都被他的风采所折服。岐王感慨说:“如果今年的京兆府考试让这个年轻人当解头，可以说是为国家选取了一位英才啊！”公主奇怪地问:“那怎么不让他去考试呢？”岐王说:“这个年轻人骄傲得很，如果不让他得第一，他宁可不去考。不过，我听说，公主已经把第一名给了张九皋。”公主说:“这跟我有什么关系？我只不过

是随口答应了别人的请求而已。”说着，转头对王维说：“你要是确实想当解头，我愿意为你出一把力。”王维赶紧起身谢恩。后来，王维果然在京兆府考试中取得了第一名，当上了解头。

这个故事有鼻子有眼，讲述得十分生动，不过很可惜，它出自唐代中期传奇小说集《集异记》，也就是说这是小说家编的故事。今天的学者研究王维的生平，并没有发现有证据可以证实他是这年京兆府考试的解头。这个故事里的公主，也很难考证究竟是谁。此外，争当解头这样的情形，是中唐之后才有的风尚，在王维所处的盛唐，人们并不太重视乡试的名次。这个引人入胜的故事只是小说家的夸张描写，以突出王维出众的才华风度。

不过，在真实的历史中，王维这次乡试确实十分顺利就通过了。这场考试要求考生写一首名为《清如玉壶冰》的诗，王维的“考场作文”是这样写的：

藏冰玉壶里，冰水类方诸。

未共销丹日，还同照绮疏。

抱明中不隐，含净外疑虚。
气似庭霜积，光言砌月余。
晓凌飞鹊镜，宵映聚萤书。
若向夫君比，清心尚不如。

这首诗在王维的诗文集中有时题作《赋得清如玉壶冰》。因为在古代，凡是指定题目的诗，会在题目上加“赋得”二字。“清如玉壶冰”这个诗题，出自南朝文学家鲍照的诗《代白头吟》：“直如朱丝绳，清如玉壶冰。”

王维这首诗通过描写玉壶里洁净、透明的冰，表达了他对坚贞、高洁、正直这些品性的倾慕。意境新奇，还是在时间仓促的考场上写出来的，足见王维的诗文水平。其实，用“玉壶冰”比喻人格的高洁，在唐诗中并不少见。骆宾王有一首《别李峤（qiáo）得胜字》：“离心何以赠，自有玉壶冰。”王昌龄有一首《芙蓉楼送辛渐》：“洛阳亲友如相问，一片冰心在玉壶。”都是用“玉壶冰”来比喻内心的清高。

乡试考中后，第二年正月，王维顺理成章地参加

了吏部举行的进士考试。不过，在进士考试中，王维就没有那么幸运了，这一次他名落孙山。这一年王维二十岁。

进士考试没有通过，王维有些失落。不过，毕竟他还很年轻，还有很多机会。开元九年（721 年）春，他再接再厉，二战科场。功夫不负苦心人，这一次王维金榜题名，成为新科进士。接着，他又顺利通过了吏部的人事选拔，被授予太乐丞的官职。

王维脱下老百姓的衣服，换上官服，成为一名朝廷官员。这种从老百姓向官员身份的转换，古时有一个专门的词叫“释褐”。

第四章

仕途得意，天降霹雳

王维一路科考顺利，他的朋友綦毋潜却没有这么幸运。同样是参加这一年的进士考试，綦毋潜又落榜了。落榜后，綦毋潜身上带的钱也花得差不多了，不可能一直在京城耗着，于是他决定返回家乡。王维前去为綦毋潜送行，二人依依惜别，王维作了一首诗赠给好友，这首诗就是著名的《送綦毋潜落第还乡》：

圣代无隐者，英灵尽来归。
遂令东山客，不得顾采薇。
既至君门远，孰云吾道非？
江淮度寒食，京洛缝春衣。
置酒临长道，同心与我违。
行当浮桂棹，未几拂荆扉。
远树带行客，孤村当落晖。
吾谋适不用，勿谓知音稀。

作为科举考试的胜利者，想要安慰落败失意的朋友，怎么说才得体？这首诗可以说给出了教科书级别的答案。

王维说：现在是个好时代，政治清明，人才辈出，像你这样淡泊名利的隐士，都愿意出山来参加科举。你来了却没有被录取，谁也不能说是你的错。你现在出发，寒食节就能到达江淮一带，走到洛阳就可缝制、改换春衣了。我摆了送别的酒宴来送你，心里非常不舍。你坐上小船，不久即可到家，很快就能看到家乡的绿树和斜阳。暂时没被录取，这只是偶然，你千万不要因此意志消沉，也不要认为没有知音赏识你。

这其实是在向綦毋潜“表白”：不要把这次失败看得太严重，你不会没有知音的，我就是懂你的人。这是一种很高明的劝慰，虽然你考试失败了，但你赢得了我这位好朋友的心。这比勉强说“你很棒，你一定会成功的”更真挚诚恳。承王维的吉言，五年后，綦毋潜再进考场，果然高中。后来，二人的友谊维持了一生。

这一年，除了送别綦毋潜，王维还送走了好几位朋友。有位姓邓的朋友，也是科举考试不顺利，心中惆怅，决定归隐终南山。王维前去饯行，作了首小诗《送别》来安慰他：

下马饮君酒，问君何所之？
君言不得意，归卧南山陲。
但去莫复问，白云无尽时。

科考有输赢之别，友情却没有得失可计较。那连绵无尽的白云，不正像真正的朋友一样，无论贵贱，永远相随？

多年以后，王维还写过一首更为有名的送别诗，因为这首诗，一位姓元、家族排行第二的朋友，成为了中国大地家喻户晓的名人。那年，这位朋友准备出使安西，在春天一个细雨蒙蒙的早晨，王维为他送行。二人在旅店门前依依低垂的杨柳下告别，王维饱含深情地写下诗作《送元二使安西》，表达心中的不舍：

渭城朝雨浥轻尘，客舍青青柳色新。

劝君更尽一杯酒，西出阳关无故人。

元二是什么人，至今没有详细的资料可考证。不过，“元二”其人因王维这首诗而名垂千古。诗中描写的青青柳树，是送别诗中常出现的形象，因为“柳”谐音“留”，表示挽留。

这首诗写得太动人了，以至于人们觉得仅仅传诵还不够，还要把它谱成曲，反复歌唱，所以这首诗又被称为《渭城曲》或《阳关曲》，以这首诗为主要歌词的琴曲《阳关三叠》也因此成为千古名曲。

送别几位朋友后不久，王维作为太乐丞正式走马上任。太乐丞是掌管音乐、礼仪的官职，官阶为从八品下，权力不大，但是很清贵，与王维的气质、才华颇为契合。在这个职位上，王维不仅能发挥自己的诗才，还能施展自己的音乐才能。王维的音乐才华有多厉害呢？下面这个故事很能说明问题。

据说，有个人得到了一幅画，名叫《奏乐图》，

画上画着乐师演奏音乐的场景。此人不知道乐师们演奏的是什么乐曲，拿来给王维看。王维只扫了一眼，就毫不犹豫地回答："这是《霓裳羽衣曲》第三段的第一小节。"此人不相信，把乐师召集起来，要求他们演奏《霓裳羽衣曲》，演奏到第三段第一小节时，便叫乐师停下。他将现场乐师的姿势和《奏乐图》一对比，发现分毫不差。这下，所有人都对王维佩服得五体投地。

这个故事同样是小说家的杜撰，不过，从中可以看出，王维的音乐造诣确实为人称道。

王维在太乐丞的职位上踏实、勤恳地工作着，未来会怎样，他不知道。但作为一个刚满二十一岁的才华横溢的新科进士，他的前途显然光明无比。

然而，就在一切看起来充满希望的时候，突然天降霹雳。这个霹雳把王维击打得晕头转向，久久回不过神来。它让年轻的王维看到，世界上并不只有赏识和赞美，还有无处不在的倾轧、算计暗潮汹涌。

就在王维担任太乐丞没多久，皇帝突然下令将王维贬官出京，外放到济州去当司仓参军。济州在今山

东聊城一带。司仓参军也是八品的官位，和太乐丞级别差不多，但远离中央，负责掌管地方上的仓储、租调、财货、贸易等事务，远不如太乐丞清贵、高雅。因此，这种调动显然是一种惩罚。

王维为什么会遭此无妄之灾呢？有三种说法。第一种说法是：作为太乐丞，王维管理的下属中有艺人做了违禁之事，跳了黄狮子舞。在古代，什么级别的人享受什么样的礼仪待遇，有严格区分与规定，级别低的人不能享受高级别的待遇，否则就叫僭（jiàn）越。黄狮子舞是皇帝才能欣赏的舞蹈，这个艺人不守规矩，在皇帝不在场时私自跳，是对皇权的冒犯，因而要受到惩罚。下属犯了僭越之罪，一并连累了长官王维。

第二种说法是：王维的上司犯了事，“城门失火，殃及池鱼”。王维担任的太乐丞，是太乐署的长官。太乐署由两个长官主管，正职长官叫太乐令，副职长官是太乐丞。当时任太乐令的人名叫刘贶（kuàng），不知何故犯了罪，被皇帝流放到了边疆。王维是刘贶的下属，也因此受到处罚。

第三种说法是：王维考中进士前，曾跟岐王来往密切。而此时，唐玄宗出于对兄弟的猜忌，正在加强对诸王的管理和控制。王维与岐王的宴游交往，引起了唐玄宗的猜忌，于是皇帝随便找了个由头，把王维处分了。

总之，王维在太乐丞这个位置上刚干了没几个月，就被赶下来打发到济州去了。

第五章 千里远谪，苦闷寂寞

开元九年（721 年）秋，王维垂头丧气地踏上了前往济州的路，心情灰暗无比。他在“日记”里发牢骚说：“微官易得罪，谪去济川阴。……纵有归来日，多愁年鬓侵。”他悲观地哀叹：纵然有返回长安的一天，恐怕那时白头发都长出来了。

长安到济州距离约 1600 里，称王维此行为千里远谪并不过分。王维从长安出发，一路东行，先后走过陕州、洛阳、荥（xíng）阳、郑州、滑州，前往济州。时值清秋，他所过之处，庄稼都已成熟，农民们正忙着收割，牧童赶着一群群牛羊在山坡上吃草。秋虫唧唧，在草丛里低唱；鸟雀喧哗，在天地间翱翔。望着天边摇摇欲坠的夕阳，王维内心充满了惆怅，他不无自嘲地摇头叹息：“此去欲何言，穷边徇微禄。”——我这遭遇还有啥可说的啊，不过是到边远地区谋取些微薄的俸禄吧！

不过，他这一路也不是毫无收获。走过 1000 多里的中原大地，看过1000多里的山川河流、风土民情，他感受到了大唐的壮美与秀丽。这激起了他内心的诗情与灵感，他用优美的诗句描绘着大唐的风景：

泛舟入荥泽，兹邑乃雄藩。
河曲闾阎隘，川中烟火繁。
因人见风俗，入境闻方言。
秋野田畴盛，朝光市井喧。
渔商波上客，鸡犬岸旁村。
前路白云外，孤帆安可论。

——《早入荥阳界》

沃野千里，不同地方的人说着不同的方言，市井喧闹、商业繁荣，这风景显然是盛世才有的。

就这样，经过约一个月的长途跋涉，王维最终到达济州任上，在这里一待就是四年。在这四年里，他的心情非常苦闷。为了排遣忧郁，王维结交了一些隐逸之士。这些人或为平民，或为低级官吏，或为得道高僧、清修道士。与他们的交往虽然不能抹平王维心

中的郁闷，但这些人对名利的淡泊态度还是深深触动了他。

转眼，时间来到开元十三年（725 年），王维在济州已经待够任期。他终日期盼朝廷的调令早点送达，好离开这里。冬日的一天，北风呼啸，大雪纷飞，他正在官衙里枯坐，突然收到一个好消息——他的朋友祖咏要到济州来看他！“太好了！备酒！备酒！”王维高兴得拍掌大笑。

上次见到祖咏，还是四年前，当时王维从长安赶往济州赴任，途经洛阳，曾和祖咏短暂小会。两个好朋友这一分别，转瞬几个春秋过去了。这么久没见面，彼此有什么变化呢？变化最大的是祖咏。四年前，他还是一介布衣，此时也已成为朝廷的官员。原来，这一年，祖咏考中进士，和王维一样踏上了仕途。说起来，祖咏的科考故事也很有传奇色彩。

祖咏在考场上展开试卷一看，试题要求以《终南望余雪》为题写一首六韵十二句的五言诗。祖咏沉思片刻，当即有了灵感，提笔写道：“终南阴岭秀，积雪浮云端。林表明霁色，城中增暮寒。”这首诗只有两

韵四句，远没有达到考题的要求。不过，祖咏却搁下笔要交卷。考官看了祖咏的试卷，好心提醒他："你只写了四句，确定要交卷吗？"祖咏酷酷地回答："意思已经写尽了！"

幸运的是，祖咏交了一篇不合规定的"高考作文"，最后竟然被破格录取了。祖咏这次来济州，并不是专门来看王维的，而是前去上任，经过济州。

见到祖咏，王维太开心了。他请好朋友到堂上坐下，置办宴席，两人把酒言欢，连饮数杯，畅叙分别以来各自的遭遇。王维满怀感慨地赋诗一首，表达对好友的欢迎：

门前洛阳客，下马拂征衣。
不枉故人驾，平生多掩扉。
行人返深巷，积雪带余晖。
早岁同袍者，高车何处归？

——《喜祖三至留宿》

祖咏也和诗一首，言辞里满是悲喜交加的情绪：

四年不相见，相见复何为？
握手言未毕，却令伤别离。
升堂还驻马，酌醴便呼儿。
语默自相对，安用傍人知。

——《答王维留宿》

祖咏有公务在身，不能在济州久留，只住了两天，便要离去。王维一路走，一路送，不知不觉将祖咏送到了齐州地界。“送君千里，终有一别。祖三兄，你要常给我写信啊！”握着祖咏的手，王维话还没说完，泪已如泉水般涌出。祖咏也忍不住落了泪。望着祖咏渐行渐远，王维心中无限伤感。后来，他写下了《齐州送祖三》一诗来表达当时的心境：

送君南浦泪如丝，君向东州使我悲。
为报故人憔悴尽，如今不似洛阳时。

这首送别诗写得非常深情。祖咏上任的地方在济州以东，也就意味着离京城更远。因而，这首诗里的

眼泪，王维不光为自己而流，也为朋友而流。王、祖二人在洛阳相识时，还是不识愁滋味的少年。如今二人的生命中已涌入了太多无奈与不如意，在洛阳的时光再难倒回，人生也永远不可能再像少年时那样无忧无虑。

送走祖咏后不久，王维终于接到了调任的命令。开元十四年（726 年）春，二十六岁的王维离开济州，一路西行，寒食节时到达广武城。广武城在汜水边上，时值暮春，风光大好，王维内心却郁郁不乐，他写下一首《寒食汜上作》，一抒胸中积闷：

广武城边逢暮春，汶阳归客泪沾巾。
落花寂寂啼山鸟，杨柳青青渡水人。

在这首诗里，他自称“汶阳归客”，也就是从汶水北岸的济州归来的人。此时的汜水，落英缤纷，杨柳青青，风光是那样美，而不得志的诗人却愁肠百结，内心寂寞无比。

这次调任，王维在淇上做了一段时间官。日子依

然苦闷无比，他常常幻想能过上辞官归隐的自由生活。但现实却不允许他不管不顾。因为父亲早亡，家中弟弟妹妹又多，全靠寡母一人苦苦支撑。如今，妹妹们一天天长大了，弟弟们也到了该娶妻的年龄，整个家庭都要靠王维微薄的俸禄养活，他不能太放任自己。

王维在“日记”里痛苦地写道:“日夕见太行，沉吟未能去。问君何以然，世网婴我故。小妹日成长，兄弟未有娶。家贫禄既薄，储蓄非有素。几回欲奋飞，踟蹰复相顾……”从中可以看出他内心的纠结和煎熬。

不过，在淇上两年中，王维还是在附近找了个地方，过了几个月的隐居生活。他住在乡间，每天只是漫无目的地看看山，望望云，无所事事地数数晨夕，交往的人也都是当地淳朴的农民、牧童、猎人，生活清苦，但内心安宁了很多。

这段隐居的日子结束后，王维再次踏上了做官的漫漫征程。开元十六年（728 年）秋，二十八岁的王维返回长安。在这里，他见到了自己的好友，唐朝历

史上大名鼎鼎的诗人——孟浩然。

孟浩然是湖北襄阳人，这年春天到京城参加进士考试，但没有考中，于是在长安居留了一段时间。王维回到长安时，孟浩然正准备动身返回家乡襄阳。

孟浩然和王维一样，性情淡泊，不热衷于追求功名利禄，却也不是毫无入世的情怀。他的诗歌很有名，连身居高位的张九龄都很欣赏他。他对自己的期望也很高。因此，落第后，孟浩然心里充满失落与不甘，写了首《岁暮归南山》倾吐积闷：

北阙休上书，南山归敝庐。
不才明主弃，多病故人疏。
白发催年老，青阳逼岁除。
永怀愁不寐，松月夜窗虚。

这首诗里除了有失望，还有几分发牢骚的意味。关于这首诗，流传着这样一个故事：

王维邀请孟浩然到自己办公的地方相聚，不料唐玄宗突然来视察。情急之下，孟浩然躲到了床底下。

唐玄宗发现床下有人，问王维是谁。王维不敢隐瞒，据实相告。唐玄宗笑着说：“朕听说过这个人，却从来没有见过，为什么要怕朕而躲起来呢？”于是命令孟浩然出来相见。

唐玄宗说：“我早就听说你诗作得好，现在给朕背背你最拿手的诗吧！”孟浩然就背起了《岁暮归南山》。当他念到“不才明主弃”这句时，唐玄宗一脸不高兴地打断了他，说：“是你自己不来应试求官的，跟朕有什么关系？朕从来没有弃你不用，你怎么能赖到朕头上呢？”于是便命令他出京还乡。孟浩然的仕途就这样断送了。

这虽然是一个流传的故事，我们也可以看出孟浩然的个性是比较耿直、单纯、不通世故的。因为性情相投，王维和孟浩然才能成为朋友。这年冬，二人在长安相聚，相互劝慰一番后，依依不舍地分别了。

王维回长安后，并没有立刻得到新官职，而是在家赋闲了三四年。在此期间，他拜荐福寺的道光禅师为上师，开始修习佛法，正式成为一名居士。

开元十九年（731 年），王维三十一岁，这一年，他的结发妻子崔氏不幸病故。王维非常悲伤，也许是出于对妻子的深情，也许是因为皈依佛法，此后王维未再娶妻。很多人以为王维那首《相思》写的是爱情：

红豆生南国，春来发几枝？
愿君多采撷，此物最相思。

其实这首诗还有一个名字叫《江上赠李龟年》，表达的是对朋友的思念之情。而关于自己的妻子，关于自己的爱情，翻遍王维的诗集，不曾说明一字，只有三首名为《杂诗》的小诗，隐隐涉及爱情。

家住孟津河，门对孟津口。
常有江南船，寄书家中否？

君自故乡来，应知故乡事。
来日绮窗前，寒梅著花未？

已见寒梅发，复闻啼鸟声。

心心视春草，畏向玉阶生。

三首诗里，最有名的是第二首：这位朋友啊，你从我的故乡来，应该很了解故乡的人和事。你来的时候，我家那漂亮的花窗前，寒梅开花了没有啊？诗人问的是花，关心的其实是人。诗人最想知道的，难道不是那美丽如花的妻子好不好吗？

第六章

干谒张公，使至塞上

时光飞逝，转眼进入开元二十一年（733 年）。这年秋，关中地区久雨成灾，粮食颗粒无收，连京城长安都闹起了饥荒。无奈之下，唐玄宗不得不跑到东都洛阳去躲灾。年底张九龄官拜宰相，作为开元盛世的最后一位贤相，他人品正直、才华出众。于是，王维冒出一个念头——向张九龄献诗，请求他提拔自己。

开元二十二年（734 年）秋，三十四岁的王维追随唐玄宗来到洛阳，他向张九龄献上“干谒诗”《上张令公》。在这首诗里，他写道：“贾生非不遇，汲黯自堪疏。学易思求我，言诗或起予。尝从大夫后，何惜隶人余。”态度非常谦卑，说自己不敢自诩为贾谊怀才不遇，只敢自比为汲黯，是因为自己的原因才被官场疏远。现在自己只求能被任用，被张公推荐。我以前做过朝官，现在能做一个小官吏也好。

张九龄向来看重王维，收到他的诗，二话没说，便向朝廷建议起用他。开元二十三年（735 年）春，

王维在洛阳就任右拾遗。右拾遗是一个八品小官，主要负责向皇帝奏论政事，陈述得失。在洛阳待到第二年冬天，关中的灾情明显缓解，百姓的生计也恢复得差不多了，唐玄宗决定返回长安，王维等百官也随驾回到京城。

开元二十五年（737 年），三十七岁的王维调任监察御史。监察御史虽也是八品官员，但负责监督百官，劝谏皇帝，有时还要出京到地方巡视，是正直之士才能担任的职务。

开元二十五年在唐朝历史上是具有转折性的一年，大唐由极盛之世转向危机四伏。这一年，朝廷发生了两件大事。第一件，是张九龄被贬官。

唐玄宗自从登基以来，一直保持着励精图治的作风，使唐朝国力达到了鼎盛。然而，随着国家日益强大，皇帝对于政事却慢慢懈怠了，变得贪图享受，奢侈无度。他不再任用正直的大臣，转而宠信口蜜腹剑的李林甫。在李林甫的排挤之下，开元二十四年（736 年）冬，张九龄被罢去宰相职位，取代他的是人品、才能都很平庸的牛仙客。

开元二十五年四月，张九龄罢相后不久，朝廷发生了一件事。一位名叫周子谅的监察御史上书弹劾宰相牛仙客，在奏折里说了一些让皇帝不高兴的话。唐玄宗大发雷霆，把周子谅打了个半死，流放出京死在途中。而周子谅正是张九龄当年举荐的官员。因为周子谅事件，唐玄宗迁怒于张九龄，将他贬到荆州做地方官。三年后，张九龄因病去世，大唐盛世岌岌可危。

开元二十五年发生的第二件大事，是对吐蕃战争的胜利。这年春天，河西节度使崔希逸大破入侵的吐蕃军队。捷报传到长安，唐玄宗十分高兴，决定派遣使者出使河西，一来慰问边防将士，二来考察战争成果，监督赏罚。派谁去做使者呢？唐玄宗选择了王维。

皇帝派王维出使，一来因为王维是监察御史，巡边是本职工作；二来因为张九龄贬官，王维多多少少受到了牵连。王维之所以能当上右拾遗、监察御史，都是因为张九龄的推荐。现在张九龄被贬，王维又有“黄狮子舞”的前案，被派出去巡边，很可能是皇

帝刻意的安排。于是，这年暮春，王维就以使者的身份，前往河西慰问边防官兵。

河西指的是古代凉州、甘州等广大地区，包括今天甘肃省的武威、张掖、酒泉等地，最远到新疆境内。王维从长安出发，一路向西北行进。他走的是古丝绸之路东段的北道——萧关道。王维沿着泾水过三关口，出固原、海原，在甘肃靖远县北渡黄河，经景泰，最终到达凉州的政府所在地武威，全程约1800里。

一路下来，天气一天天炎热起来。走到关中通往西北的第一要隘——萧关时，王维遇到了“候骑”。候骑就是负责侦察敌情的骑兵。候骑告诉王维，主帅崔希逸破敌后还在前线没有回来。而出了萧关，过了海原，进入靖远境内后，王维看到了一个自然奇观。

黄河总体的走向是自西向东奔流入海，然而，从会州到会宁关这段长约180里的黄河，竟然是从东南向西北流淌的，部分河道甚至是东西走向，河水自东向西流。于是，沿着这段黄河行走的两天中，王维有幸目睹夕阳从黄河正西缓缓落下的奇特景象。

从景泰到凉州，需要穿越浩瀚的腾格里沙漠。初夏的沙漠，因为局部气温高，沙地上腾起一股“袅烟沙而直上”的风。这种风在气象学上名叫“尘卷风”，是一种夹带沙尘的空气旋涡。看到这种扶摇直上的奇异旋风，王维大为惊叹，再次感受到大自然的神奇。

王维到达凉州后，把一路所见都写进了诗里，这首诗就是最著名的边塞诗——《使至塞上》：

单车欲问边，属国过居延。
征蓬出汉塞，归雁入胡天。
大漠孤烟直，长河落日圆。
萧关逢候骑，都护在燕然。

这首诗第一联点题，写自己到达塞上看到的景象。诗人轻车简从千里迢迢慰问打仗的将士，这样的场景既表达出诗人的英勇无畏，又隐隐透出他内心的一丝孤寂，这种孤寂跟他被排挤出京的境遇不无关联。

“属国”是使者的代称，也可指归附唐朝的西域国家。“居延”是居延城，在今天的内蒙古额济纳旗

东南。王维此次出使并不需要经过居延城，不过，居延城也在河西节度使的管辖之下，故而诗人望着塞外无边的疆域，由衷感叹道：大唐的附属国已远至居延城外。

二联、三联描写的是路上看到的塞外风光。“征蓬”是随风飞扬的蓬草。“汉塞”指的是萧关。萧关是丝绸之路上的咽喉要塞，出了萧关，就意味着离开汉地，进入少数民族聚集的地区。蓬草头长得很大，茎却很细，到了秋天风一吹，满地乱滚，可以飘到很远的地方，飘到萧关之外，这就是“征蓬出汉塞”。王维有感于自己仕途坎坷，用“征蓬”来比喻自己。

“归雁”是从南方飞回北方的大雁。“胡天”是塞外少数民族地区的天空。王维出了萧关来到塞外是春末夏初，大雁从南方归来，此时才飞到塞外，这就是“归雁入胡天”。

“大漠孤烟直，长河落日圆”一联是千古名句。苍茫大漠里，一柱孤烟直上晴空。这孤烟，既有可能是前面所讲的“尘卷风”，也有可能是平安火。唐代边疆每隔 30 里设一座烽火台，如果边境无事，傍晚

时分就会燃起烽烟以报平安，因此叫“平安火”。王维沿着黄河行进，夕阳在滚滚水流中慢慢落下，鲜艳如血，浑圆如珠。“直”“圆”二字，一直被当成“锤炼字眼”的典范。

最后一联，诗人回忆到达萧关时的情景——在那里，他碰到了侦察骑兵，得到消息：主帅还在前方战场。“都护”指河西节度使崔希逸。“燕然”是个典故：东汉车骑将军窦宪率军抗击匈奴，大破北匈奴后，登上燕然山，刻石以记功，后世因此常以“燕然勒石”指代在抗击异族的战争中取得胜利。崔希逸打败的是吐蕃的军队，王维用这个典故非常贴切。

《使至塞上》“雄浑高古”，在边塞诗里独树一帜，是一曲盛唐的强音。

王维在塞外待了一年多。开始是以朝廷使者的身份，后来崔希逸很喜欢王维，力劝他留在幕府为自己效命。王维想到回长安也是被人排挤，不如就在崔希逸幕府中暂时安顿下来，于是答应了崔的挽留。

塞外军中的生活清苦俭朴，却意外让王维恢复了热血豪情。他策马奔腾，飞过连天的白草；他弯弓射

雕，秋天的草原上洒满他爽朗的笑声。塞外的民风与中原大为不同，这里的人们能歌善舞，巫祝祭神的活动也非常盛行。这些都让王维大开眼界。

有时候，午夜梦回，王维也会想起朝堂上的权势倾轧、政治腐败。乱七八糟的思绪常搅得他彻夜难眠，不得不披衣起床通过写写画画来消磨时间。这天夜里，他又耿耿不寐，坐起挑亮灯烛，心情复杂地写下一首诗。这首诗名叫《西施咏》：

艳色天下重，西施宁久微。
朝为越溪女，暮作吴宫妃。
贱日岂殊众，贵来方悟稀。
邀人傅脂粉，不自著罗衣。
君宠益娇态，君怜无是非。
当时浣纱伴，莫得同车归。
持谢邻家子，效颦安可希。

西施贫贱的时候，没有人注意她，一旦凭借美貌得宠，人们才发现她天生丽质。不只人情恶俗至此，

西施从浣纱女摇身一变，成为贵妃后，也恃宠而骄，盛气凌人，露出小人得志的嘴脸。

王维的诗大都温润，但这首却极为尖刻，把那些专权的小人，飞黄腾达的纨绔子弟，斗鸡走狗却得到君王恩宠的新贵，狠狠地骂了一通。他心中也实在难以平静啊！这盛世之下隐藏的危机，怎能不让人担忧呢？

开元二十六年（738 年），王维三十八岁。这年五月，崔希逸从河西节度使调任河南尹。不久，王维也结束了他的幕僚生涯，回到长安。

第七章

中岁好道，辞官归隐

王维回到朝廷后，仍担任监察御史。开元二十八年（740 年），王维四十岁。这一年，他迎来了一次小小的升迁，从监察御史升为殿中侍御史。殿中侍御史官阶为从七品下，负责监督百官、检查朝堂礼仪等工作，有时也会“出差”。

这年秋天，皇帝派王维到岭南选拔人才。王维从长安动身，一路跋山涉水，向南方进发。他的船沿着汉江南下，这一天来到襄阳地界。王维的老朋友孟浩然就是襄阳人。十多年没见了，王维十分想念这位老朋友，舟过襄阳，他决定去拜访一下老友。

小船摇摇晃晃地漂荡在汉江上，越来越接近襄阳城。隔着雾气，王维已能看到城郭若隐若现地浮动在烟水中。襄阳地处汉江中游，这里是连接湖北、河南的战略要地，江水开阔，两岸风景秀丽。望着眼前的美景，王维心情甚好，诗兴大发，当即写下了《汉江临泛》：

楚塞三湘接，荆门九派通。
江流天地外，山色有无中。
郡邑浮前浦，波澜动远空。
襄阳好风日，留醉与山翁。

楚国“边塞”——汉江连着三湘之水，荆门山又与长江九条支流相通。江水奔流，好像涌自天地之外；山色轻浅，似在若有若无之中。城郭在水汽里，如同漂浮在江上；波澜翻滚，浪涛摇动远方天空。襄阳风和日丽景色如此秀美，“我”要与孟浩然不醉不归。

“山翁”就是山简，他是魏晋名士、“竹林七贤”之一山涛的小儿子，曾镇守过襄阳，治理襄阳很有政绩。山简喜欢饮酒，每次喝酒必然喝到酩酊大醉，像他的父亲一样有名士风度。在这首诗里，王维以“山翁”来比喻孟浩然，想象的是与孟浩然把酒言欢的场景。

到达襄阳后，王维兴冲冲地直奔孟浩然家中。然而，敲开门后，迎接他的并非老友惊喜的笑脸，而是

一个噩耗——孟浩然一个月前去世了，享年五十二岁。

原来这年夏秋之交，王昌龄——没错，就是那个写了“秦时明月汉时关”的诗人，从岭南贬所返回长安，路过襄阳时，来拜访孟浩然。王昌龄向来是个大大咧咧的热情汉子，而孟浩然虽然文雅，也有豪爽的一面。孟浩然见到王昌龄，二话没说就摆下盛宴。本来他背上长了毒疮是不能饮酒、吃河鲜的，但老友相会，欢喜异常，什么都顾不得了，一顿暴饮暴食后，孟浩然背上的毒疮复发，一代诗人就此殒命。

王维得知孟浩然去世，痛哭流涕，当场赋诗《哭孟浩然》哀悼老友：

故人不可见，汉水日东流。
借问襄阳老，江山空蔡州。

汉水啊，仍在浩浩荡荡地流着，可是“我”的老朋友却再也见不着了！眼前这江山虽好，也只余一片虚空。这首诗很短，感情却喷薄而出，读之即能感受到王维沉痛的心情。

怀着哀伤，王维继续南下，到岭南完成了皇帝交给他的使命，第二年春才踏上归途。返回长安的旅程，王维没有再走伤心之地襄阳，而是绕道润州江宁（今江苏南京）。在江宁，王维来到瓦官寺，拜会了璇禅师，希望能从佛法里求得解脱与安慰。

他的内心纠缠着许多难以言说的情绪。对于朝政，他非常失望，同时又无可奈何；对于生命，他深感短促，同时又无能为力。

从岭南返回长安后，王维的任期又满了，按制度该休官若干年等待下一轮任命。在长安苦等没什么意思，王维又动了隐居的念头。这一次，他选择隐居在终南山。

终南山离长安不远，风景优美，山清水秀，山上有很多寺庙道观，对王维来说，没有比这更适合隐居的地方了。

他在山林间自由漫步，和青山绿水、悠悠白云日夜相伴，平素来往的朋友只有内弟崔兴宗和知己裴迪。少了官场的应酬，没有琐事的烦扰，生活一下子变得宁静愉悦。他写下著名的《终南别业》，描述这

种无所挂碍的澄明心境：

中岁颇好道，晚家南山陲。
兴来每独往，胜事空自知。
行到水穷处，坐看云起时。
偶然值林叟，谈笑无还期。

王维写这首诗时四十一岁，人到中年，故而说是“中岁”。在这首诗里，他自叙：中年之后，“我”对佛学颇为沉迷，直到最近才在终南山脚下安家。兴致来的时候，“我”常常独自去游玩，山中的野趣只有自己能够体会。在这里，“我”随意漫步，走到溪水的尽头，便坐下来仰望云朵涌起。有时候“我”会在树林里遇到老翁，“我”就停下来和他谈笑聊天，每每忘了回家的时间。

此诗是王维山水诗的代表作，宋代刘辰翁有评语：“无言之境，不可说之味，不知者以为淡易，其质如此，故自难及。”刘辰翁认为，此诗写出了语言难以描绘的境界，语言难以言说的滋味，看似平常，其

实是很难达到的水平。“行到水穷处，坐看云起时”是此诗的警句，清代施补华称赞这两句诗空灵洒脱、不着痕迹，如“羚羊挂角，无迹可求”。

王维热爱这静谧的山村。终南别业离附近的村子不远，日落时分，他常常信步走到村头，看牧童赶着一群群牛羊归村，听村里的老人絮絮叨叨地叮嘱孙子莫把小羊落下。时值暮春，小麦即将抽穗，野鸡在麦田里叫个不停，吃饱了桑叶的蚕儿已经入眠。农夫从田野扛着锄头回来，见到邻人驻足闲谈几句。此情此景如此美好、闲逸，王维见了不由生出羡慕之心，他感叹说：要是能永远安家在此，不再操劳公务，那该多好啊！

这种心情，被他写进《渭川田家》一诗：

斜阳照墟落，穷巷牛羊归。
野老念牧童，倚杖候荆扉。
雉雊麦苗秀，蚕眠桑叶稀。
田夫荷锄至，相见语依依。
即此羡闲逸，怅然吟《式微》。

在这首诗里，农村生活的淳朴、宁静，深深地吸引着王维。他辞官归隐的念头如此强烈，想要留在这片世外桃源的心愿如此真诚。他能如愿以偿吗？

第八章

辋川烟云，诗中有画

王维在终南山隐居了将近一年。公元742年，唐玄宗改年号为天宝，历史进入天宝元年。这年春，王维再一次得到授官任命，回到长安任职，在左补阙的职位上一做就是三年。

天宝三载（744年），王维四十四岁，在长安附近的蓝田买下一座别墅，也就是著名的“辋川别业”。辋川别业位于辋川山谷谷口，本来是诗人宋之问的旧宅，多年无人居住。王维买下后，亲自设计，随地形地貌改造了一些景点，并把母亲崔氏接来同住。

中年之后，王维对仕途上的荣辱看得越来越淡，然而意外的是，他的境遇竟变得平顺起来。从天宝四载（745年）到天宝七载（748年），他连升数级，当上了库部郎中。这个职位为从五品，已经是中级官员，待遇也是很不错的。

天宝九载（750年），王维五十岁，不知不觉渐入老境。这年春天，他的母亲崔氏去世。王维是个大孝子，平时侍奉母亲非常尽心。母亲去世，他异常悲伤，不思茶饭，人也日渐消瘦。他隐居辋川为母亲守孝三年。

辋川如画的风景渐渐治愈了他的心灵。他幽居于空谷，日夜与花鸟虫鱼为伴，仰观浮云，俯看后土，自然万物映照在他的心镜上，如梦如醉，亦真亦幻。

王维曾在辋川别业的墙壁上手绘丹青一幅，这幅青绿山水画名为《辋川图》，描绘了辋川别业的清幽美景。在这幅画里，辋川最著名的二十个景点——孟城坳、华子冈、文杏馆、斤竹岭、鹿柴、木兰柴、宫槐陌、临湖亭、栾家濑、竹里馆、辛夷坞、漆园等，都被细细描绘了下来。然而不幸的是，辋川别业后来年久被毁，这幅绝美的壁画没有保存下来。

王维不仅用画笔描绘了辋川的美景，还用诗句细致地勾勒辋川的一花一木，一山一石。跟着王维的诗、画，我们走进辋川游览，迎面看到的第一处风景就是孟城坳。孟城坳地势低洼，遍植垂柳，辋川别业就建在这里。孟城坳背后的山冈名叫华子冈，山势高峻，树木森森。秋天众鸟飞过高冈，漫山遍野都是红

叶。夜幕降临后，诗人就站在辋川谷口，静听风过松林，涛声阵阵。

越过华子冈，背岭面湖之处是文杏馆，这是一处相当有野趣的茅庐。文杏馆后的山岭上种了许多高大的竹子，这里因此得名“斤竹岭”。斤竹岭的竹子终年青翠，风吹竹摇，好像碧绿的波浪，诗人盛赞此地：“檀栾映空曲，青翠漾涟漪。”

辋川的美景，还有“彩翠时分明，夕岚无处所”的木兰柴，“仄径荫宫槐，幽阴多绿苔”的宫槐陌，“当轩对樽酒，四面芙蓉开”的临湖亭，“飒飒秋雨中，浅浅石溜泻”的栾家濑，等等。然而，对于今人来说，最有名的“地标”，还是鹿柴、竹里馆、辛夷坞这几处。

王维常常独自穿行在鹿柴的空山中，偶尔远远地能听到有人在说话，但又见不到人影。夕阳的余晖映入深林，又照在青苔上，有无言之美。于是，一首意境澄净的《鹿柴》由此诞生：

空山不见人，但闻人语响。
返景入深林，复照青苔上。

晴朗的月夜，王维会来到竹里馆，独坐幽深的竹林，像魏晋名士阮籍一样弹琴长啸。在竹林中坐着坐着，王维就进入心无一物的空明境界，直到月光洒满全身，才回到人间。这种体验，仿佛进入禅定状态，也被他写入《竹里馆》诗中：

独坐幽篁里，弹琴复长啸。
深林人不知，明月来相照。

初春，山中的辛夷开花了，枝头萌发朵朵红苞，开得满坑满谷。辛夷花开得那么美，却只有王维一个人欣赏；它盛放又凋落，美好得那么短暂，那么寂寞。王维把这花写进了《辛夷坞》一诗：

木末芙蓉花，山中发红萼。
涧户寂无人，纷纷开且落。

王维隐居在辋川的日子显然是惬意的。夏天，雨后的山林炊烟袅袅，农妇一个个拎着瓦罐给地里的丈夫送饭。黄鹂在茂密的树林中婉转地歌唱，门前的水田飞过一行又一行白鹭。王维在这山村参禅悟道，每天吃着沾了露水的葵菜，生活是清淡的，微微有点寂寞，但他觉得内心前所未有地满足。他再也不想回那污浊的尘世，他受够了官场上无处不在的钩心斗角。他在《积雨辋川庄作》这首诗中写道：

积雨空林烟火迟，蒸藜炊黍饷东菑。
漠漠水田飞白鹭，阴阴夏木啭黄鹂。
山中习静观朝槿，松下清斋折露葵。
野老与人争席罢，海鸥何事更相疑？

“野老争席”这个故事《庄子》《列子》里都有记载，据《列子》记载，杨朱前去跟老子学道，路上旅舍主人欢迎他，客人都给他让座；而等到杨朱学成归来，旅客们却不再给他让座，而是与他争抢座位，说明杨朱已得自然之道，与身边的人没有隔膜了。

“海鸥相疑”是《列子》里的故事：海边有个人与海鸥关系很亲密，互不猜疑。但有一天，这个人的父亲让他捉几只海鸥回家来，当他再到海滨时，海鸥便飞得远远的，心术不正破坏了他和海鸥的亲密关系。

诗中用这两个故事，表达了对自然的向往，对名利的厌倦。

王维还写过一组名叫《田园乐》的小诗，其中一首：

桃红复含宿雨，柳绿更带朝烟。
花落家童未扫，莺啼山客犹眠。

桃红柳绿、烟雨蒙蒙的春光里，花落未扫而有诗意，莺啼犹眠更显惬意。这是王维仅有的七首六言诗之一，声色、韵律唯美至极，其中透露的闲适之意，引人遐想。

隐居辋川的这段日子是王维一生中诗歌最高产的时光。他怀着浓厚的兴趣观察辋川的草木虫鸟，抱着玩味的态度欣赏辋川的日出日落。这一时期，同他唱

和最多的人是至交裴迪。他享受着和裴迪的友谊，二人泛舟往来，弹琴赋诗，啸咏终日。在与裴迪赠答的诗中，最有名的是《辋川闲居赠裴秀才迪》：

寒山转苍翠，秋水日潺湲。
倚杖柴门外，临风听暮蝉。
渡头余落日，墟里上孤烟。
复值接舆醉，狂歌五柳前。

“接舆”是春秋时期的楚国人，假装发疯不去做官。“五柳”指五柳先生陶渊明。这里王维把自己比作淡泊的陶渊明，把裴迪比作潇洒的接舆，打趣裴迪喝醉了酒在自己面前纵情狂歌。

在这首诗里，我们能感受到诗人由衷地沉醉于闲居的快乐和友情的美好中。“渡头余落日，墟里上孤烟”一联让人想起陶渊明《归园田居》中的诗句“暧暧远人村，依依墟里烟”。

秋天的辋川，天空高朗，云淡风轻。秋雨过后，山中空气清新凉爽。月明之夜，松林静谧，能听到清泉流过山石发出的清脆声音。姑娘们洗衣归来，穿过竹林，传出一阵喧笑声；荷叶摇动，发出哗哗的声响，是有渔舟从上游划过来。看着这活泼的景象，王维动情地在《山居秋暝》里写道：

空山新雨后，天气晚来秋。
明月松间照，清泉石上流。
竹喧归浣女，莲动下渔舟。
随意春芳歇，王孙自可留。

这首诗让我们形象地感受到什么叫“诗中有画，画中有诗”。其实，不只是视觉的奇观，这首诗同时动用了多重感官，激发人的多重想象。空山落了新雨，我们甚至能闻到雨滴洒向泥土泛起的芬芳；傍晚天气转凉，我们甚至能感受到秋意渗入毛孔、浸润皮肤的幽凉。“明月松间照”，用眼睛看；“清泉石上流”，用耳朵听。“竹喧归浣女，莲动下渔舟”，简直像一幕舞台剧。竹声喧哗，洗衣归来的女孩们传出的欢声笑语，是音响效果；红莲摇曳，打鱼的小船敏捷地荡入

荷花丛中，这又是视觉盛宴。诗评家点评此诗："天光云影，无复人工""随意挥写，得大自在""天真大雅"，称赞的就是这首诗的优美纯真。

王维这一时期的作品，自然中透着明净，空寂里又饱含深情。他像一个"自然之子"，在山水中肆意漫游，纵情享受。

偶尔，他也会回到尘世，为国家的前途和政治的黑暗隐隐担忧。自从李林甫当政之后，朝堂上越来越乌烟瘴气。唐玄宗渐入老境，越来越听不进耿直忠言。他宠信杨贵妃姐妹，重用杨贵妃的哥哥杨国忠，放任安禄山在边疆拥兵自重，一场重大的政治危机黑云压城。

但王维对此无可奈何，只能选择佛教的出世思想来解脱烦恼。有位朋友张少府也深感政局的昏暗，不时来找王维谈心。王维不知道该如何安慰他，便写了首《酬张少府》表明心意：

晚年惟好静，万事不关心。
自顾无长策，空知返旧林。

松风吹解带，山月照弹琴。

君问穷通理，渔歌入浦深。

在这首诗里，王维告诉张少府，对于现实，他也没有什么好对策，只能从静修和隐居里找到解脱之道。他劝张少府不必太关心尘世的烦恼，多接触自然山水，在清风明月中，在河岸深处的渔歌里，自然隐藏着命运穷通的道理。

第九章

渔阳烽火，历经磨难

天宝十一载（752 年），王维五十二岁。这年春，他为母亲守孝的期限满了，回到长安继续做官。天宝十四载（755 年），王维五十五岁，升任给事中。给事中的官阶是正五品上，已是朝廷重职。至此，王维这十来年的官场生涯可谓顺风顺水。

然而，个人与时代相比，不过是沧海一粟，大时代只需一个浪头，就足以打翻个人的一切幸运。就在王维事事顺遂之际，一场旷世浩劫突然降临。

天宝十四载十一月，安史之乱爆发。安禄山在范阳起兵造反，叛军一路南下，势如破竹。仅用了一个月，安禄山就拿下了北方多地，并于十二月攻入东都洛阳。天宝十五载（756 年）正月初一，安禄山在洛阳称帝，国号大燕，立元圣武。之后，叛军直指潼关，进逼长安。唐玄宗仓皇出逃，长安落入叛军手中。

长安沦陷之后，唐玄宗逃往蜀地，走到马嵬驿，

士兵哗变，杀死宰相杨国忠，又逼皇帝赐死杨贵妃。不久，太子李亨在灵武即位，改年号为至德，这就是历史上的唐肃宗。唐玄宗被迫退位，改称太上皇。

大唐的天空，瞬间就改换了日月，一切快得让人难以置信。而在这场战争中，命运最悲惨的还不是皇帝、妃子，而是黎民苍生。安禄山所到之处，烧杀抢掠，无恶不作，中原大地生灵涂炭，民不聊生。

在这场浩劫中，长安的普通官吏也遭到了前所未有的侮辱。因为长安沦陷得很快，很多大臣来不及跟着皇帝出逃，滞留在长安城中。安禄山大军杀进长安后，把这些大臣统统抓了起来，强迫他们接受自己的任命，做新朝的伪官。这些不幸的大臣中，就有王维。

在伪朝廷中做伪官，不仅是叛国大罪，而且是德行中的大污点，对于信奉“忠君爱国”的士大夫来说是奇耻大辱。为了避免接受安禄山的伪职，王维假装得了说不出话的疾病，还想方设法搞到一种拉肚子的药，吃下去后上吐下泻，为的是让看守他的敌人放松管制，好趁机逃走。然而，敌人没那么好糊弄，王维

的举动让他们起了疑心，把他看管得更加严格，王维到最后也没找到机会逃出敌营。

后来，安禄山把俘虏来的大臣、宦官、宫女分批押解到洛阳。王维也被逼着来到洛阳，囚禁于菩提寺中。安禄山下命令说，谁敢不从命，立马处死！无奈之下，王维最终被迫接受了伪职。

这年八月，安禄山在洛阳凝碧池大宴群臣，席间命令抓来的梨园乐工为他们奏乐助兴。熟悉的音乐一响起，梨园乐工们无限伤感，泣不成声。逆贼拔刀威胁:“谁再敢哭，立马杀掉！”一个乐工名叫雷海清，一怒之下，把乐器砸到地上，向着长安的方向恸哭不止。贼兵就把他捆绑起来，以残忍的方式当场杀死。当时听说这件事的人无不伤心落泪。

王维在菩提寺中度日如年。这一天，有人悄悄给他递了个消息，说他的好友裴迪要到寺中来看他。王维精神为之一振。原来，裴迪也被安禄山抓到了洛阳。只不过，裴迪是一介布衣，不是重要的大臣，安禄山对他的看管没有那么严格，这让裴迪找到机会四下活动。

听说王维被关在菩提寺后，裴迪买通了看管的人，要求进来见王维一面。王维一见裴迪，泪如雨下。两人简单互诉了别离后的思念，王维问裴迪外面是什么情况，裴迪把发生在凝碧池的事情一一讲给王维听。王维听完，潸然泪下，当即作诗一首：

万户伤心生野烟，百官何日再朝天。
秋槐叶落空宫里，凝碧池头奏管弦。

这首诗的题目很长，全名《菩提寺禁裴迪来相看说逆贼等凝碧池上作音乐供奉人等举声便一时泪下私成口号诵示裴迪》，交代了诗人作诗的缘由、状态和心情。在这首诗里，王维一面伤心战争的狼烟毁灭了故国，不知道何时才能平定叛乱再见天子；一面愤怒安禄山在大唐的土地上胡作非为，蹂躏大唐的文化和子民，诗里充满了沉痛。

送走裴迪之后，王维心情烦乱，他不知道这样的日子何时是个头，自己还有没有可能再回长安。

也许是大唐气数未尽，安禄山恶人自有恶人磨。

几个月后，至德二年（757 年）正月，叛贼内部发生内讧，安禄山的儿子安庆绪谋权篡位，趁安禄山不备将其杀死，叛军一时阵脚大乱。趁着敌人内部发生叛乱，大唐军队迅速收复了长安。这年十月，经过几个月的艰苦奋战后，大唐军队一举收复洛阳，把叛军赶回黄河以北。

洛阳收复之后，王维等官员也被解救出来，然而等待他们的并非胜利的喜悦，而是皇帝的责罚。虽然官员们大多是被迫担任伪朝官职的，但毕竟“臣节有亏”，还是应该接受惩罚。

王维和接受伪职的官员一起被押解回长安，关在杨国忠的旧宅院里。按照情节的轻重，这些官员被分为六等，一一治罪。最严重的当街处死，次一等的赐其自尽，再次一等的杖责一百，剩下的或流放或贬官。王维情节相对较轻，他在菩提寺给裴迪口述的那首诗流传很广，连唐肃宗也有耳闻，知道他对大唐、对皇帝还是忠诚的，因而有心从轻发落。

此时，王维的弟弟王缙在唐肃宗朝中已是重臣。王缙向皇帝求情，愿意削职替哥哥赎罪。于是，唐肃宗最终决定对王维宽大处理，不仅没有将其革职流放，还给他重新授予了官职。乾元元年（758年）春，五十八岁的王维被授予太子中允的职位，这个职位与他原来的职位给事中同样是正五品。

王维虽逃过一劫，内心却满是愧疚。他在给皇帝的授官谢表中写道："臣闻食君之禄，死君之难。当逆胡干纪，上皇出宫，臣进不得从行，退不能自杀，情虽可察，罪不容诛。"有感于皇帝的宽容，同时又有愧于自己的内心，这年冬天，王维上书皇帝，请求把自己的"辋川别业"捐为佛寺，以此表达对皇帝的感恩。

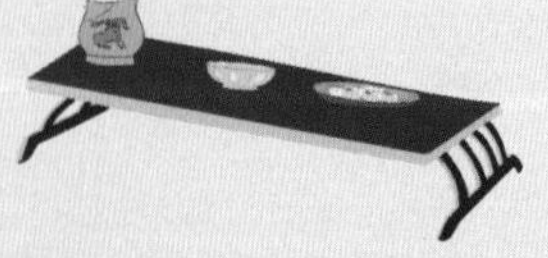

第十章

暮年好静，参禅悟道

王维自二十九岁皈依佛教后，经常吃素，到了晚年更是长期吃素，连有花纹的衣服都不穿。暮年的王维，真正做到了“晚年惟好静，万事不关心”。除了上朝应付公务，他的时间都花在了参佛、礼佛上。

在京师的宅第里，他奉养着十几个有名的僧人，给他们提供斋饭，和他们谈论佛理。他的家中别无长物，只有茶铛、药臼、经案、绳床等几样俭朴的器物。退朝之后，他很少参加交际应酬，只是独处斋房，焚香静坐，参禅悟道。

上元元年（760年），王维六十岁。这年，他又一次迎来升迁，升任尚书右丞。尚书右丞是正四品的高级官职，后人称呼王维为“王右丞”，就是因为他曾担任这个职务。

这一年，关中发生大饥荒，米价暴涨，很多老百姓饿死在道路上，甚至出现人吃人的现象。当时，官吏在京城周围都有职田——朝廷划拨给官吏作为俸禄的田地，这块田里收取的粮食租米都归官员所有。王维向皇帝上书，请求把自己职田的租米都上交给国家，拿去施粥，以求让挨饿的百姓有口饭吃。皇帝没有同意王维的请求，但还是应允他拿出一块职田的租米去施粥。

上元二年（761 年），人生垂暮，王维早已无欲无求，只是他心中还有一个牵挂，那就是他的弟弟王缙。王缙只比王维小一岁，此时也已是白发老人。与王维在朝任职不同，此时的王缙在千里之外的四川任职。

年纪一天比一天大，身体每况愈下，王维非常思念弟弟，他不知道自己此生还能和弟弟团聚几回，也不希望弟弟一直漂泊在外。王维上书皇帝，恳求将弟弟调回京城，为此，他愿意放弃全部官职。皇帝答应了他的请求，下令调王缙入京，还给了他一个待遇丰厚的散官职位，以示恩宠。

接到朝廷调令之后，王缙交接完手头的工作，便星夜兼程地往长安赶。此时的王维一边盼望着弟弟归来，一边却有了不好的预感，他感到死神正在向自己逼近。

七月的一天，王维收到书信，说弟弟已走到凤翔（今陕西宝鸡），再过五天，兄弟二人即可相会。但王维觉得自己撑不过五天了。他强撑病体从床上爬起来，走进书房，颤颤巍巍地摸出厚厚一叠纸。这是他这辈子作的所有诗，零零碎碎有几百首，先前他已整理完毕，这时一首一首慢慢翻看着，仿佛在回顾长长的一生。

看到十多岁时写的《少年行》，他微微一笑，眼前浮现出一个不知天高地厚的英俊少年；看到《送元二使安西》，他微微蹙眉，想起了一生中迎来送往的朋友；看到《使至塞上》，他想到自己也曾出使边疆，见到大河壮阔、落日雄浑的奇景。直到他的目光落到一首名为《鸟鸣涧》的小诗上：

人闲桂花落，夜静春山空。
月出惊山鸟，时鸣春涧中。

这首诗是他年轻时游历江南所作。那个月夜的桂花与山鸟，如同空谷梵音，回响在他的心灵中，那个遥远宁静的春夜，正是此生最好的时光。那时，他那么年轻，却已参透了“万法皆空”的禅理。只是他没想到，后来还是遇到了那么多人、那么多事。

想到人生的种种遗憾、痛悔，王维百感交集。他提笔给弟弟写下了最后一封信交代后事，又留下几个短笺，送给平生最要好的几位朋友，短笺里没有多说其他，只是叮嘱朋友们要勤奋修行，用心敬佛。

之后，王维放下笔，坐上禅床，平静离世。

回顾王维这一生，少年时代灿烂无比，青年时代黯淡无光，中年时代矛盾重重，老年时代磨难深重。而这一切都随着他的离世烟消云散，只有他那些经典的诗歌流传至今。

王维被尊称为“诗佛”。就为人而言，宁静淡泊的他确实给人“佛系”的感觉。但就艺术成就而言，他又不止步于“佛系”。他不仅有《鸟鸣涧》《山居秋暝》这样轻灵飘逸的山水诗，还有《使至塞上》这样雄奇壮丽的边塞诗、《过秦皇墓》这样深沉的咏史诗、《西施咏》这样奇崛的讽喻诗。他的诗是多面的，各

种风格信手拈来，更不用说他在绘画、书法、音乐等方面的杰出成就。

王维的一生，很难说幸与不幸；王维的一生，似乎又超越了幸与不幸。作为红尘中人，他有难脱俗情的部分；作为诗人、画家、音乐家，他又有超凡脱俗的艺术灵性。想要理解他的诗，你需要了解他的一生；想要了解他的一生，你又需要细细品味他的诗。

这就是王维的故事，亲爱的朋友，你读懂了吗？

图书在版编目（CIP）数据

语文书里的大诗人 . 李白 杜甫 王维 / 常迎春，兰川著 . -- 长沙 : 湖南教育出版社，2023.7（2024.1 重印）

ISBN 978-7-5539-9460-4

Ⅰ . ①语… Ⅱ . ①常… ②兰… Ⅲ . ①诗人—生平事迹—中国—古代—儿童读物 Ⅳ . ① K825.6-49

中国国家版本馆 CIP 数据核字（2023）第 006638 号

YUWEN SHU LI DE DA SHI REN　LI BAI DU FU WANG WEI

书　　名	语文书里的大诗人　李白 杜甫 王维
作　　者	常迎春　兰　川
责任编辑	张件元
特约编辑	徐　昕
插画作者	缇　娅
装帧设计	今亮后声 · 张玉 白今
出版发行	湖南教育出版社（长沙市韶山北路 443 号）
网　　址	www.bakclass.com
微 信 号	湘教智慧云
移动应用	贝壳网 APP
客　　服	0731-85486979
经　　销	新华书店
印刷装订	北京中科印刷有限公司
开　　本	880 mm × 1230 mm　32 开
印　　张	10.5
字　　数	135 000
版　　次	2023 年 7 月第 1 版
印　　次	2024 年 1 月第 2 次印刷
书　　号	ISBN 978-7-5539-9460-4
定　　价	99.00 元（全三册）

如有质量问题，影响阅读，请与湖南教育出版社联系调换。